# EL SÍNDROME DE AQUILES

Petrūska Clarkson

PLANETA SINGULAR

Petrūska Clarkson

# EL SÍNDROME DE AQUILES

PLANETA

Título original: The Achilles Syndrome
Traducción de Márel Malaret


Córcega, 273-279, 08008 Barcelona (España)
Diseño colección y cubierta de Rousselot y María Luisa López Celada
Primera edición: setiembre de 1995
Depósito Legal: B. 34.024-1995
ISBN 84-08-01550-8
ISBN 1-85230-499-5, edición original
Composición: Víctor Igual, S. L.
Papel: Offset Editorial Ahuesado, de Clariana, S. A.
Impresión: Duplex, S. A.
Encuadernación: Encuadernaciones Maro, S. A.
Printed in Spain - Impreso en España

# *Sumario*

# *Agradecimientos*

Estoy muy agradecida a las muchas personas que me han ayudado a sacar este trabajo adelante, entre ellas Hella Adler, Vincent Keyter y Elana Leigh. También quiero ofrecer mi agradecimiento a aquellos que leyeron y comentaron el manuscrito, especialmente a Muriel James, Geoff Mead, Denton Roberts, John Rowan y Patricia Shaw por sus útiles y detalladas sugerencias.

Quiero dar las gracias también a Julia McCutchen por su ayuda y aliento como editora, y a Edwina Welhma por el apoyo brindado desde el principio. Debo también mi agradecimiento al equipo editorial y de investigación de **metanoia**, que se encargó de proporcionar el trabajo técnico y académico, espina dorsal de este volumen. Mi más profundo agradecimiento a Katherine Pierpoint, quien se ha ocupado de esta obra con imaginación, paciencia y diligencia, siempre apoyada por Camilla Sim; a las muchas personas que han contribuido con ejemplos y a todos los pacientes, instructores, aprendices, supervisores, amigos y colegas que han compartido sus vidas conmigo y que tanto me han enseñado sobre el dolor de esta experiencia y sobre el placer y la satisfacción de superarla.

La cita de *Arcadia*, de Tom Stoppard (1993), en la página 242, aparece con el permiso de Faber y Faber.

Las citas que aparecen al principio de cada capítulo son de la *Ilíada* de Homero,* edición de 1950 traducida por E. V. Rieu, y se reproducen con el permiso de Penguin Books.

* En la traducción se ha utilizado la edición de 1994 de la Editorial Espasa Calpe, S. A., traducida por Luis Segalá y Estalella.

# *Prefacio*

Este libro describe el síndrome de Aquiles y se ha forjado con las experiencias de personas a las que la sociedad reconoce como triunfadoras, pero que en cambio se sienten fracasadas.

El libro presenta información sobre la teoría del desarrollo infantil, la psicología de los mitos en la vida cotidiana y las teorías sobre el aprendizaje, además de ejercicios para curarnos a nosotros mismos y a otros. Como profesora y terapeuta parto de la suposición básica de que los seres humanos, además de sus impulsos sexuales y agresivos, tienen un instinto tan importante como los dos anteriores, que es el de ver realizado todo su potencial, evolucionar a través de la creatividad y llegar a ser competentes mediante el esfuerzo por alcanzar la excelencia. Son relativamente pocos los psicólogos que reconocen este instinto en los seres humanos: sólo aquellos que creen que la humanidad tiene la capacidad y el deseo de crear un futuro mejor que el pasado que ha heredado. El deseo de llegar a ser buenos en lo que hacemos, e incluso el de mejorar constantemente, constituye una poderosa fuerza de motivación a la que se da el nombre de necesidad de «autorrealización».[1] Yo la identifico con el instinto de evolución creativa que los antiguos filósofos, como Zenón, denominaban *Physis*.[2] Se conoce como *Physis* la fuerza creadora de la naturaleza en sí, la fuerza de vida, que «se esfuerza eternamente por hacer que todo crezca y que lo que crece se perfeccione».[3]

Cuando las personas tratan de ser competentes o excelentes en sus vidas o en su trabajo responden a este impulso creativo interno llamado *Physis*. Por el contrario, la seudocompetencia se refiere a los momentos en sus vidas o sus trabajos en los que la *Physis* ha sido bloqueada, dañada o pervertida, algo que puede ocurrir tanto en las vidas de los individuos como en las de las organizaciones. Además, la *Physis* cambia continua y necesariamente, porque el cambio es la esencia de la vida. Nunca he considerado que «hacer» sea más importante que «ser» o existir ni que la competencia sea la única finalidad de la existencia. Sin embargo, alcanzar la competencia es un aspecto significativo dentro del proceso que lleva a una persona a realizarse y a sentirse satisfecha con su vida. La mayoría de los seres humanos quiere, además de vivir y amar de la mejor manera posible, trabajar de la mejor manera posible. Y como considero que este deseo de crecimiento y desarrollo es vital para la salud individual y la supervivencia colectiva, me esfuerzo para crear un entorno, para mí y para otros, donde la *Physis* pueda desarrollarse.

Mientras algunas personas querrán leer este libro de principio a fin, otras preferirán ir directamente a los capítulos que les llamen la atención. Al final de cada uno de ellos incluyo ejercicios y experimentos que los lectores podrán utilizar como estímulos, cambiar o pasar por alto. La intención, en cualquier caso, es que los empleen según su criterio. Cada persona es singular y diferente de las demás, y lo que sirve para el temperamento de una puede tener en otra o en usted mismo/a, si su estado de ánimo es distinto, el efecto contrario. Lógicamente, cualquier autoayuda también puede ser malinterpretada o utilizada de manera abusiva, de modo que, por favor, trate la información que recibe, trátese a usted mismo/a y trate a los demás con respeto y compasión. Si cree que lo mejor es recurrir a la ayuda profesional de un asesor psicológico o psicoterapeuta, búsquela.

El material que conforma este libro proviene de los testimonios de muchas personas que cuentan cómo la seudocompetencia afectó sus vidas y cómo, en ocasiones, la superaron para llegar a ser realmente competentes. Mi deseo es el de ayudar a las personas comunes y corrientes a entender un síndrome que afecta a muchos y, de esta manera, familiarizar a todo el mundo con algunos principios de psicología que, por lo general, están sólo al alcance de los expertos.

Aunque este libro sea fruto de mi trabajo, también es el resultado final de más de dos décadas de aprendizaje y lecturas, durante las cuales la experiencia acumulada en el campo de la psicología, la psicoterapia, la filosofía, la sociología, la literatura y algunos otros campos ha fertilizado el terreno para que pudiera surgir este libro. Siempre que ha sido posible las contribuciones específicas que he utilizado han quedado reconocidas en la lista de referencias, y quisiera disculparme por cualquier posible omisión, que, de producirse, ha sido sin intención.

Para usar los ejemplos más extensos, obtuve una autorización escrita. Muy rara vez utilizo un ejemplo corto con el que sólo me haya encontrado en una ocasión. De modo que, si cree que se reconoce en alguno de los ejemplos o si cree reconocer a otra persona, es poco probable que se trate de una sola persona y además, por lo general, mis retratos son compuestos (reúnen diferentes facetas de distintas historias para así proteger la intimidad de las personas). Por supuesto, todos los nombres y detalles que podían ser identificados han sido cambiados para proteger la identidad de las personas implicadas en el estudio sobre el síndrome de Aquiles y que han contribuido a que todos aprendamos a solucionarlo. Le estoy muy agradecida a un lector que, durante un taller sobre el síndrome, me dijo: «Me parecía como si la información que usted daba describiera la historia de mi vida.» Sin estos sinceros reconocimientos y sin los comentarios de las personas que me han dicho lo útil que ha sido para ellas, no habría llevado a término el arduo trabajo de escribir este libro. También podría haber dedicado toda mi vida a investigar más a fondo este tema tan complejo, pero si este libro existe es por petición popular, gracias a aquellas personas que ya se han beneficiado de este material durante los talleres y han pedido que se publique. Ofrezco este libro al lector sabiendo que podría ser mejor, pero consciente también de que tal como se presenta es un valioso alimento para nuestra imaginación y nuestra constante experimentación. Invito pues a cada persona a crear, a partir de él, algo que sea útil para sí misma.

Cuando el libro estaba a punto de imprimirse, un compañero me señaló que existe un trabajo previo con una idea similar, titulado *The Impostor Phenomenon (El fenómeno del impostor).*[4] Aunque no he leído el material, excepto como referencia en la revista *Time*[5] (el libro está agotado), me gustaría dejar testimonio de mi reconocimiento a Clance y Harvey por haberme precedido en este campo. Por lo que he podido deducir, el concepto de seudocompetencia se diferencia del fenómeno del impostor en que mientras el primero se basa principalmente en las deficiencias u omisiones que se produjeron durante el ciclo de aprendizaje, el segundo se centra primordialmente en la experiencia de ser un farsante. Por ejemplo, en el capítulo 12 hablo de la actitud seudocompetente que la sociedad moderna adopta hacia el medio ambiente, la cual no puede explicarse únicamente a partir del hecho de que las personas se sientan impostoras.

Lejos de sentirme decepcionada por el hecho de que otras personas hayan abordado el mismo tema, acojo su trabajo como un refuerzo, porque al pensar en este problema están ayudando a identificar y a revelar el síndrome para beneficio de todos. Me tranquiliza saber que el patrón de comportamiento que estamos investigando entre todos existe de manera clara y reconocible para muchas personas y espero que los lectores no sólo disfruten con este libro, sino que continúen aprendiendo, de todas las fuentes posibles, cómo ser más eficaces, confiar más en sí mismas, en su trabajo y disfrutar más de la vida.

Podría extenderme mucho más. Únicamente les ruego que acepten las sugerencias que les hago, que busquen más información si lo desean y que imaginen o busquen un amigo o colega con quien puedan descifrar y entender aquellos aspectos con los cuales estén en desacuerdo o sobre los cuales quieren más información. Sé que la publicación de este manuscrito es simplemente un hito en el ciclo de aprendizaje sobre el síndrome de Aquiles: pronto sabremos menos o empezaremos a aprender lo que necesitamos reaprender.

## *Sugerencias*

* Usted probablemente compró o cogió prestado este libro porque se vio reflejado/a (o vio reflejada a una persona cercana) en algunos aspectos del síndrome. Por lo tanto, puede que lo lea para encontrar algunas respuestas, superar algunos problemas o aclarar algún aspecto confuso sobre su competencia en cualquier campo: sea en jardinería, a la hora de organizar una cena de Navidad o de pronunciar un discurso ante el Parlamento. Para los seres humanos es importante tener aspiraciones, buscar el placer y la excelencia. Pero este camino hacia la perfección *no* tiene por qué ser interminable y estar lleno de sacrificios. Pruebe a hacer el siguiente experimento, que le ayudará a beneficiarse aún más del libro.
* Póngase ahora mismo tres metas y anótelas. Imagínese de forma viva, como si fuera en una pantalla de cine, cómo se vería y cómo se sentiría después de lograr sus objetivos. Imagine que su autoestima crece en su corazón y en su cuerpo mientras avanza hacia el objetivo y prepárese para lograr sus metas cuando llegue al final del libro. Tenga cuidado: escoja cosas que sean realmente importantes para usted y no objetivos propuestos por otras personas (por este motivo no hago ninguna sugerencia), y, sobre todo, sea optimista y positivo, pero realista.

  Cuando tenga claro que realmente quiere lograr estos tres objetivos y tenga la seguridad de que puede alcanzarlos, empiece a planificar los pasos que le llevarán hasta ellos. ¿Cómo sabrá que los ha alcanzado? ¿Qué pasos puede empezar a dar ahora?

# 1. *El defecto secreto*

## *El síndrome de Aquiles. La seudocompetencia*

> ¿No ves cuán gallardo y alto de cuerpo soy yo, a quien engendró un padre ilustre y dio a luz una diosa? Pues también me aguardan la muerte y la Parca cruel. Vendrá una mañana, una tarde o un mediodía en que alguien me quitará la vida en el combate, hiriéndome con la lanza o con una flecha despedida por el arco (p. 389).

### ■ INTRODUCCIÓN ■

En este capítulo presento el concepto de síndrome de Aquiles, al que he dado el nombre técnico de seudocompetencia. También examino las raíces arquetípicas del problema siguiendo la leyenda que Homero escribió sobre Aquiles, el héroe griego, porque los mitos antiguos y las leyendas nos pueden ayudar a entender y a profundizar en la naturaleza de algunas de las dificultades y aspiraciones humanas.

### ■ EL PATRÓN DE COMPORTAMIENTO AQUILES EN EL HOMBRE MODERNO ■

En los años setenta, hasta mi despacho de asesora psicológica y psicoterapeuta empezaron a llegar personas que, pese a haber alcanzado puestos altos —algunas, el de mayor responsabilidad en su campo laboral—, padecían un serio problema de falta de autoestima. Los demás veían en ellas a personas *triunfadoras,* pero ellas se *sentían* íntimamente como fracasadas. Su problema parecía estar relacionado con su competencia o eficacia, y más concretamente con la falta de concordancia que había entre su capacidad y la confianza que ellas tenían en sí mismas.

Se trataba de personas sensibles, con éxito, creativas, y que en los aspectos psicológicos básicos no tenían problemas. Muchas de ellas disfrutaban de una satisfactoria vida profesional y de un interesante grupo de familiares y amigos, y padecían pocas de las dificultades psiquiátricas que pueden provocar la incapacitación o la hospitalización de una persona. Cargaban, como muchos seres humanos, con algunas heridas profundas o con restos de problemas emocionales que arrastraban desde la niñez, pero su objetivo principal era desarrollar su personalidad y su potencial creativo. Constituían, pues, un grupo que en apariencia gozaba de un éxito mayor que el del promedio de las personas, pero en la manzana de su éxito se escondía siempre un gusano. El hecho de que sus sentimientos no se correspondieran con los elogios que recibían de su entorno les provocaba una enorme ansiedad. Y aunque como individuos eran todos singularmente distintos, su malestar poseía una notable semejanza en su forma. Me di cuenta de que había empezado a descubrir el síndrome de la seudocompetencia.

Empecé a identificar un patrón de factores físicos, psicológicos y sociales que se repetían en todas estas personas, ya fueran excepcionales o comunes. El mundo veía en ellas a personas de éxito, pero ellas, interiormente, eran incapaces de hacer suyo aquel éxito. No se concedían siquiera el derecho a sentirse satisfechas y animadas cuando recibían «una crítica entusiasta», «las mejores notas» o «un informe brillante». Una y otra vez parecía producirse una muy particular combinación de factores angustiantes que iba carcomiendo su autoestima y erosionando su fe en el futuro. Había una herida psicológica que no había sanado del todo, ni siquiera en sus anteriores experiencias de terapia o asesoramiento, y que les hacía sufrir, una herida que estaba relacionada con su necesidad básica no sólo de actuar de manera competente, sino también de sentirse capacitados. Me puse a repasar mis libros de texto y a consultar a mis antiguos profesores para intentar entender lo que estaba viendo, pero en aquel momento no pude encontrar a nadie que hubiera identificado el síndrome tal y como yo lo veía todos los días en mi consulta, en los programas de preparación para terapia o en mi trabajo como asesora psicológica para diversas organizaciones y empresas. Advertí que eran contadas las teorías o los esquemas de ayuda psicológica práctica que abordan el tema de la creatividad y la competencia. Cuando comenté este tema con una de las mejores profesoras que he tenido, Edna Deudney, ella me hizo observar que la imagen arquetípica de este problema parecía ser la de Aquiles, el héroe griego de la guerra de Troya, casi invencible, pero que tenía en el talón su punto vulnerable.

La historia de Aquiles y de su defecto fatal estaba presente en la vida de muchos de mis pacientes. Por ejemplo en la de *John*, un apuesto ejecutivo de treinta y cinco años que trabajaba en una agencia de publicidad cuando llegó hasta mí como paciente. Su carrera marchaba estupendamente, ganaba un buen sueldo, tenía una vida familiar relativamente feliz y disfrutaba, además, de la reputación de ser un joven genio, una persona ambiciosa en su trabajo y, a menudo, el cerebro creador de las campañas que habían dado a la compañía los mejores clientes. La excelencia de su trabajo le había proporcionado a John un enorme reconocimiento e infinidad de elogios, y gracias al respeto de compañeros y superiores había sido nombrado socio de la compañía mucho antes que algunos de sus colegas. A primera vista no tenía ninguna razón para no sentirse feliz y contento consigo mismo y con todo lo que había alcanzado. Sin embargo, *sentía* que su éxito era muy precario. Lo explicaba con estas palabras:

> Cada vez que me dirijo al equipo de trabajo durante alguna presentación importante me pongo enfermo de ansiedad. Vomito, me siento incapaz de hacerlo bien, me da miedo de

que esta vez la gente se dé cuenta de quién soy en realidad. Temo sufrir una humillación delante de todo el mundo. Me asalta la pesadilla de que mis pacientes y mis colegas descubren de repente que soy un farsante. Me parece que los he embaucado a todos siempre, que los he engañado para que crean que soy mejor de lo que realmente soy.

A veces, intento desesperadamente recordar mis anteriores éxitos y de convencerme de que soy capaz de volver a conseguirlos, pero no puedo, y empiezo a tener la leve sospecha de que todos los éxitos los he conseguido «de chiripa». Y cuando por fin logro engatusar a la gente para que crean que soy mejor de lo que soy, me siento incapaz de trasladar al futuro la sensación de éxito que me han dado mis logros.

No importa lo corta que sea la charla que debo dar, siempre me parece que lo que se va a enjuiciar no es sólo mi trabajo, sino mi persona. Me da miedo que un día salte alguien del público y me grite que, efectivamente, soy el farsante que yo creo ser. A menudo, en mis pesadillas, veo que las personas se dan cuenta, de repente, de que no visto adecuadamente o de que en realidad no recuerdo la contraseña del grupo. Siguen aumentándome el sueldo y cada día recibo más y más elogios, pero yo siento una ansiedad cada vez mayor y bebo más. No puedo expulsar de mi cuerpo esta tensión constante. Miro a las personas que en apariencia son menos competentes y tienen menos éxito que yo y envidio el placer que obtienen de su trabajo, ese cosquilleo de entusiasmo con que se enfrentan a un nuevo reto y esa sensación de logro y autoestima que viene después.

Ninguno de los amigos a los que he tratado de explicar lo que me pasa entienden qué es lo que tanto me incomoda. Dicen que estoy siendo falsamente modesto o que mi único problema es que me falta autoestima. Yo intento reconocer mis méritos, pero me parece simplemente que no son reales. Y sólo pensar en la reunión siguiente me provoca un sudor frío y hace que sienta de nuevo en el estómago el miedo a no poder hacerlo bien.

*Sally* es una joven que ha conseguido combinar con eficacia su trabajo y su hogar. Con Tom, su marido, tiene dos hijos encantadores. De cara a los demás da la sensación de que controla todos los frentes de su vida y se ha ganado la consideración de persona competente y con talento. Pero su terapeuta, a quien acudió para tratar una adicción a los tranquilizantes, sabe que Sally padece una profunda falta de confianza en sí misma y que nunca está segura de si mañana será capaz de mostrar la misma competencia y eficacia que tuvo ayer. Cuando era niña, Sally era menor que el resto de niños de su clase en la escuela y, pese a que se esforzaba mucho para mantener el nivel, cada año pasaba el curso con dificultades. Nadie se dio cuenta de que su vida estaba dominada por el esfuerzo y las pesadillas ni de que en sus estudios y sus logros no hallaba placer alguno.

*Tommy* es un niño de diez años, brillante y con un talento excepcional, al que le va muy bien en la escuela. Por ello, ni sus maestros ni su familia entienden por qué se come las uñas, por qué se pasa la noche en vela preocupado ni por qué siempre, antes de conocer el resultado de los exámenes, teme haber suspendido. Todo el mundo *sabe* que Tommy *siempre saca sobresalientes* y cuando lo hace, todo el mundo le dice: «Ya sabía que te iban a dar un sobresaliente.» Sin embargo, únicamente él vive esta sensación de no aprobar y cuando lo hace cree haber «engañado» a sus maestros, para convencerlos de que sabe más de tal o cual materia de lo que él mismo cree saber. Además, Tommy forma parte de una buena familia que no tiene ningún problema serio, razón por la cual nadie, desde sus padres hasta el psicólogo del colegio, acaba de entender por qué siempre está tan ansioso y tenso y disfruta tan poco con su trabajo escolar cuando, en realidad, todos los criterios objetivos demuestran que es tan *bueno* en los estudios. Todos hemos leído más de una vez en la prensa y nos han conmovido los casos de niños académicamente brillantes, con unos fabulosos expedientes, que se suicidan justo antes de los exámenes. Tommy, pues, podría ser uno de ellos si no obtiene la ayuda y la comprensión que necesita.

Todos los ejemplos hasta aquí citados son típicos de personas a quienes los *demás* consideran competentes, superdotadas o dotadas de algún talento excepcional, pero que creen tener un defecto secreto o una limitación que, de ser descubierta, sería motivo de humillación pública y demostraría que no eran tan buenos como la gente pensaba. Son personas que, en contra de toda evidencia, dudan de su capacidad. En todos sus casos hay una *discrepancia* fundamental entre la percepción que *ellas* tienen de su propia competencia o de sus méritos y la percepción que tienen los *demás*, y todos temen estar ocultando un defecto secreto que, aunque no sepan verdaderamente cuál es, puede ser mortal. Tienen la sensación de estar a merced de un juez especialmente perceptivo, cínico y crítico, capaz de poner al descubierto el engaño y de desenmascararlos ante todo el mundo como los impostores que piensan que son. El sentimiento que más temen es el de la vergüenza, la inevitable humillación pública que creen que sufrirán si todo el mundo descubre su defecto secreto. Un profesor con muchos años de experiencia me confesó una vez que si alguno de sus alumnos descubría alguna vez que no podía contestar a una pregunta, «se iba a morir de vergüenza y a esconder bajo tierra».

## ■ LA SENSACIÓN DE FALSA EXCELENCIA ■

Hay personas, a las que a menudo se las califica de *resentidas*, que dedican su vida a levantar a su alrededor una gran *armadura psicológica* con la que pretenden compensar su profunda sensación de imperfección o inadaptación. Algunas manifiestan su seudocompetencia sólo en parcelas aisladas de su vida; en otras, la seudocompetencia puede causar mutilaciones o, en caso extremo, la destrucción psicológica. En cualquier caso, tanto si afecta a toda su personalidad como sólo a algunas partes específicas, estas personas consiguen, por lo general, ocultar el síndrome con más o menos éxito, e incluso son capaces de aparentar confianza y serenidad antes de enfrentarse a la tarea para la cual se les considera excelentes, pero que en su interior les causa desconfianza y ansiedad. Pero después de terminar la función o el discurso, después de hablar de sexo a los niños o de haber dedicado ellas mismas un gran esfuerzo a alcanzar un orgasmo se sienten exhaustas, vacías, totalmente agotadas, hasta el extremo de que el esfuerzo y el subsiguiente agotamiento despojan la experiencia de todo placer y minimizan o borran cualquier valoración positiva que puedan recibir de los demás. La ovación, la crítica elogiosa o el aumento de sueldo no se traducen en un incremento similar de su autoestima y, de hecho, pueden llegar a ver esta reacción positiva como algo opresivo. Por ejemplo, un jugador de squash que acababa de ganar de forma brillante un campeonato respondió con ansiedad, en lugar de entusiasmo: «Ahora esperarán que cada vez tenga el mismo éxito.»

La mayoría de las personas cree «sobresalir» en una o en varias áreas, parcelas en las que otras personas, preparadas para enjuiciar su trabajo, las consideran muy buenas o excelentes. Sin embargo, estas personas, en el fondo, temen no ser merecedoras honestamente de los elogios. No se permiten robustecer su autoestima con el aprecio que les brindan los demás, porque están convencidas de que no se merecen la aprobación que reciben y porque, incluso si la merecen, no están seguras de poder repetir la hazaña en el futuro. El sentido de su propia competencia parece ser un castillo de arena, siempre vulnerable a la amenaza, al desenmascaramiento, la vergüenza y la humillación pública. Cada vez que terminan una actividad, el único alivio que sienten es el de pensar: «Esta vez tampoco me han descubierto, ¡qué suerte! He logrado disimular de nuevo el desajuste que existe entre lo que la gente espera de mí y lo que yo realmente soy capaz de dar. Otra vez me he librado de pasar una vergüenza. Pero esto es como un castillo de naipes. ¿Podré hacer lo mismo la próxima vez?»

A cualquier observador, esta falta de concordancia entre la valoración subjetiva y la objetiva puede parecerle irracional e increíble y la encontrará aún más desproporcionada si observa que, aunque lo nieguen, las personas que temen verse expuestas a la humillación pública tienen a menudo un gran talento, son superdotadas e inteligentes. A sus amigos, familiares y colegas, tanto desasosiego les parece increíble. «¿Cómo puede perpetuarse esta falta de confianza frente a tantos comentarios positivos?», se preguntan. Con el tiempo, las personas afectadas empiezan a sentirse también confundidas y a culpabilizarse por ser incapaces de utilizar los elogios de sus agentes, sus jefes o sus alumnos para mantener o reforzar la confianza en ellas mismas, en su competencia y su talento. De tal forma que puede llegar un momento en que los amigos empiecen a perder la paciencia con ellas, al ver que el reconocimiento que les ofrecen parece no causarles beneficio alguno. Lo que sucede es que estas personas son incapaces de utilizar este apoyo de forma coherente y en un sentido positivo. Aunque algunas terminan psicológicamente dañadas o bloqueadas por este fenómeno, irónicamente no buscan ayuda psicológica. El síndrome, por eso, puede dañar durante toda una vida.

## ■ VIEJOS MITOS, NUEVOS TÍTULOS ■

A veces, los viejos mitos o historias nos ilustran sobre dilemas recurrentes en el ser humano. Aprender y reflexionar sobre los problemas humanos encarnados en personajes históricos, de leyendas e incluso de películas actuales, es un recurso poderoso para tratar de encontrar sentido y significado a nuestras vidas, así como una manera de buscar ayuda para resolver los mencionados dilemas. Las ideas sobre los arquetipos formuladas por Jung[1] son de esta índole. Los arquetipos se pueden definir como patrones de significación heredados de nuestros más antiguos ancestros y presentes en nosotros como imágenes que pueden actualizarse en nuestras vidas. A menudo, los arquetipos se encuentran en los mitos, que, al igual que las antiguas leyendas, influyen de forma importante en nuestra conciencia. La historia de una persona a la que el público aclama, pero que, en secreto, es consciente de ocultar un defecto que para ella puede ser mortal, es muy conocida en las leyendas antiguas y la de

Aquiles es una de ellas. A menudo leemos historias similares en los periódicos de hoy día —los vicios sexuales secretos del predicador evangélico, el médico de cabecera que esconde su adicción a las drogas—. La historia de Aquiles ha sido parte de nuestra conciencia desde el momento en que los humanos empezamos a reflexionar sobre el significado de la vida, y hoy sigue con nosotros. Estudiar los mitos antiguos puede ser muy ilustrativo y ayudarnos en diversos aspectos de nuestra vida.

## ■ LA HISTORIA DE AQUILES ■

Aquiles era el héroe griego que parecía inmortal y ganaba todas las batallas, pero tenía un punto vulnerable secreto. Utilizo su figura como imagen con la que describir a todas las personas que, de alguna manera, creen que sus logros son fingidos y que guardan un secreto que no pueden compartir con nadie.

### □ TETIS: LA MADRE DE AQUILES □

Tetis, la más célebre de las Nereidas (ninfas del mar), debía casarse con Zeus. Sin embargo, un adivino predijo que Tetis daría a luz a un hijo que sería más poderoso que su padre, por lo que Zeus, obrando con prudencia, decidió casarla con un mortal y escogió a Peleo, rey de Tesalia. Tetis estaba ofendida por haber sido situada entre los mortales y trató de escapar de Peleo cambiando de forma: se convirtió en un pez, luego en animal, en una ola fluida y después en una llama ardiente. Gracias a los consejos del centauro Quirón, Peleo finalmente logró ganársela y la boda se celebró con gran pompa en presencia de los dioses, quienes colmaron a la pareja de hermosos regalos. Con el tiempo, Tetis regresó con las Nereidas.

## □ PELEO: PADRE DE AQUILES □

El rey Peleo fue uno de los más famosos héroes de Tesalia. Tuvo que luchar encarnizadamente para llegar al trono. Mató al rey Acasto, y él mismo casi perdió la vida en una peligrosa expedición de caza de jabalí, pero lo salvó el centauro Quirón. Poco después, Peleo se casó con Tetis y nació Aquiles. Peleo fue un padre ausente: mientras Aquiles crecía, él vivía una vida de aventuras, navegando con las Argonautas y librando batallas heroicas. Sobrevivió a su hijo y tuvo una vejez sin episodios dignos de mención.

## □ AQUILES □

Aunque esta historia tiene muchas versiones, la que aquí utilizo nos cuenta que Tetis ambicionaba asegurar a su hijo Aquiles la inmortalidad y quería conferirle cualidades maravillosas y sobrehumanas. El río Éstige era uno de los nueve ríos del antiguo infierno que podía hacer inmortales a los seres humanos. Para que Aquiles fuera inmortal, Tetis lo sumergió en sus aguas; de esta manera, todo su cuerpo se volvió invulnerable, excepto el talón por el cual ella lo sostenía. Como resultado, Tetis hizo a su hijo inmortal como los dioses e inmune al daño físico. Sin embargo, el talón que no tocó el agua quedó como la parte vulnerable y mortal de Aquiles, el único lugar en el que podía ser herido si alguien era capaz de descubrir el engaño de su peligroso defecto secreto.

Mientras su secreto permaneciera escondido, Aquiles estaba a salvo de la muerte y se sabía invencible en el campo en el que brillaba, la batalla. Era un guerrero impresionante y a la vez un gran curandero, y se movía en un ciclo de destrucción y curación, sanando a las personas que él mismo había herido. Pero si alguien descubría su vergüenza secreta, entonces quedaría a merced de cualquier enemigo, no necesariamente del más fuerte o inteligente sino de cualquiera que supiera utilizar en su contra el defecto oculto. Por tanto, Aquiles simplemente «pasaba por inmortal». Las personas que se identifican completamente con el arquetipo de Aquiles se convierten en falsos héroes, incapaces de escapar de su trampa, de enfrentarse a la situación de la mejor manera posible o de defenderse con más eficacia.

Un ejemplo similar lo encontramos en las personas de color que, en Suráfrica, intentaban burlar las leyes raciales punitivas haciéndose pasar por blancas. Un niño que «parecía blanco» podía ir a vivir con una familia blanca, asistir a un colegio de blancos e ignorar o negar a su verdadera familia, y aunque sus padres lo hacían con la intención de conseguir para ellos mejores oportunidades en una ciudad injusta, el precio que pagaban era el de las lágrimas, el engaño y el miedo constante. Está fuera del alcance de este libro realizar un estudio sobre la complejidad de situaciones históricas y sociales como ésta. El deseo, natural y justificable en el ser humano, de liberarse del yugo de leyes restrictivas (o de escapar de la muerte) es un anhelo psicológico ineludible. Cuando las personas hacen una elección (sea la inmortalidad o el color de la piel) movidas por el deseo de sobrevivir, corren siempre el peligro de ser descubiertas y de perder todos los privilegios vinculados a una determinada posición social. Aparte de que, claro está, ninguna persona que esté sujeta a la aprobación de otra (ya sea por razones externas, tales como el color de la piel, o internas, como los juicios de valor) puede ser libre.

Cuando leemos la historia de Homero, nos imaginamos en seguida que Aquiles tomaba la precaución de usar la armadura apropiada para proteger su talón durante la batalla. Hefesto, el orfebre de los dioses, construyó la armadura; sin embargo, cada vez que Aquiles salía al campo de batalla sabía que tenía un secreto que podía ser fatal: podía morir si le herían en el talón. Naturalmente, Aquiles se ocupaba de «ocultar» la insuficiencia que cuestionaba su condición «inmortal», porque mientras por un lado era un guerrero glorioso, aparentemente invencible, por otro era realmente fácil matarlo sólo con que el enemigo conociera el lugar exacto al que debía apuntar su flecha o su lanza. Todo lo dicho hasta aquí contribuye a explicar por qué la psicología de Aquiles era tan compleja, casi tanto como la del moderno «jefazo», la «ejecutiva ambiciosa» o esa «supermujer»[2] que hace malabares tratando de combinar la maternidad, una carrera exigente y un matrimonio complicado. Son muchas las personas que se sienten así: fuertes, poderosas y seguras de sí mismas por un lado y, sin embargo, atemorizadas ante la posibilidad de que alguien descubra y explote la grieta que hay en su armadura.

A lo largo de su vida, Aquiles combinó polos opuestos aparentemente irreconciliables. De niño fue puesto al cuidado del centauro Quirón, quien, para darle valentía, lo alimentó con médula ósea de oso y entrañas de león. Quirón le enseñó también las artes de la curación, la equitación y la caza, a tocar la flauta y la lira. Se dice que Aquiles amó tanto a mujeres como a hombres y que luchó valientemente por su país, aunque su pueblo lo consideraba un traidor. Se cuenta que una vez, desairado su orgullo, se enfadó y, presa de un cobarde resentimiento, se negó a luchar, pero también se recuerda que llegó a doblegar a Héctor el Troyano, famoso por su fuerza, en un combate cuerpo a cuerpo. Exigió la venganza más terrible cuando sus amigos fueron traicionados y asesinados, y fue un aliado leal y digno de la confianza de otros grandes guerreros griegos. Ciertamente era un mortal, pero su mito es universal.

Fue un gran héroe en su época, pero finalmente murió a causa de su defecto mortal. Paris o Apolo (las versiones varían), gracias a una traición o aprovechando un descuido momentáneo de Aquiles en el que dejó el talón sin protección, acabaron con su vida utilizando una lanza envenenada. Esta noción de anhelo y miedo contenida en la secreta y mortal vulnerabilidad de Aquiles ha resonado claramente en nosotros desde que nuestros ancestros empezaron a relatar historias. Homero, el poeta ciego (citado al comienzo de este capítulo), ha sido sólo uno de los muchos narradores que han dado forma a su historia.

## ■ EL SÍNDROME DE AQUILES ■

Podríamos extendernos mucho más hablando sobre Aquiles y sobre el significado que su leyenda tiene para los Aquiles de hoy, pero este breve bosquejo es suficiente como introducción modelo para lo que he denominado «el síndrome de Aquiles». La leyenda de Aquiles sigue viva con fuerza en la imaginación popular, aunque sólo sea porque todos conocemos el significado de la expresión «el talón de Aquiles» y su relación con la vulnerabilidad. La evocación arquetípica del talón de Aquiles (como algo que cualquiera de nosotros puede tener) tiene un enorme significado para nosotros, las personas del siglo XX, cada vez que luchamos por mantener la integridad entre lo que se espera de nosotros y lo que realmente podemos dar. De modo que comprender la leyenda puede ayudarnos a aceptar y a tratar los problemas de aquellos individuos, excepcionales o comunes, atrapados en una mascarada autoimpuesta que puede producirles un tormento emocional continuo o conducirlos a un final trágico.

Gracias a mi trabajo como psicoterapeuta, supervisora y asesora para diversas organizaciones y empresas, llevo muchos años en contacto con una gran cantidad de personas que padece el síndrome de Aquiles. Son personas a las que los demás consideran mucho más competentes de lo que ellas creen que son y que o bien dedican una cantidad exagerada de energía y tensión a llevar a cabo su trabajo o bien están exhaustas y agotadas cuando su éxito debería hacerles sentir una mayor seguridad en sí mismas. En algunos casos, para ocultar lo que ellas consideran que es su *talón de Aquiles*, estas personas desarrollan defensas que a la larga pueden convertirse en limitaciones y desventajas innecesarias. O bien, en otros casos, se dedican a adquirir más y más conocimientos en su campo de trabajo, como una forma de compensar ese *talón,* sin dejar nunca por ello de temer que se descubra el defecto que siempre han creído tener escondido.

Los términos seudocompetencia o síndrome de Aquiles son distintos a competencia e incompetencia, como veremos en seguida. También debe diferenciarse de la autocrítica, que a menudo no es más que un ataque encubierto a la autoestima cuyo origen se remonta a la influencia de los padres o a las prácticas educativas severas y punitivas. Aunque es cierto que la seudocompetencia puede verse estimulada y reforzada por los mensajes negativos que recibamos de cualquier persona impaciente que forme parte de nuestro entorno, también lo es que los padres y maestros pueden inculcarnos tabúes o prohibiciones que dañen nuestra vida, si con ellos nos impiden hacer preguntas, pedir ayuda o buscar la protección adecuada.

Del mismo modo, muchos héroes de nuestro tiempo —la gente que suele considerarse excelente o superdotada— ocultan, a menudo, un defecto que puede ser humillante. Sería el caso de un jefe de Estado que no entienda realmente el término «producto nacional bruto», o de una madre que se haya labrado una reputación de persona eficaz y competente dirigiendo la asociación de padres y maestros, pero que en realidad sienta tanta presión que tenga que beberse media botella de ginebra antes de llevar a cabo cualquiera de las actividades públicas que aparentemente realiza sin esfuerzos. Otra muestra de individuo seudocompetente sería el del actor de fama internacional, ganador incluso del Oscar, que cada noche, antes de salir a escena, siente que le paraliza el miedo, el temor de que «esta vez sí» va a olvidar su texto y su querido público le abandonará. Hay «expertos» en todos los campos que son más o menos conscientes de que ocultan algo. Quiénes son, sólo ellos mismos lo saben. A este tipo de sufrimiento humano le hemos dado el nombre poético de síndrome de Aquiles, aunque el término técnico en psicología es el de seudocompetencia. Por supuesto, siempre puede inventar un término mejor para usted mismo.

## □ ¿QUÉ ES LA SEUDOCOMPETENCIA? □

El término seudocompetencia se aplica a los casos en los que hay una diferencia enorme entre la evaluación (baja) que las personas hacen de sí mismas y la opinión (alta) que los demás tienen de ellas en su campo de trabajo. Somos seudocompetentes cuando nuestra autoestima y nuestra competencia tal como ha sido evaluada por otras personas no coinciden. Ésta es la fuente de la incomodidad y tensión que sienten muchas personas cuando sus evaluaciones internas y las externas son distintas o contradictorias.

*Ser competente* significa poder hacer frente a una tarea adecuadamente, tanto en el terreno de lo subjetivo (el de la autoevaluación) como en el objetivo (la evaluación de los demás). Significa que nuestra confianza interna concuerda con nuestro funcionamiento. El término *incompetencia* se utiliza no como un insulto, sino para indicar que hace falta un mayor desarrollo para cumplir con los criterios objetivos de lo que es la competencia. El término *incompetencia* significa que una persona no ha aprendido todavía a desarrollar una determinada actividad correctamente y en este contexto, admitir la incompetencia significa reconocer que es posible empezar a aprender.

A menudo, el defecto de una persona Aquiles es difícil de curar, porque en general hay algo de verdadero en la evaluación subjetiva que se hace de la insuficiencia. Muchas veces está presente una falta de honestidad básica: en mayor o menor grado, la persona ha evitado dominar completamente alguna de las técnicas, conocimientos o actitudes relacionados con su campo de conocimiento, de tal manera que, por muchos factores, mientras sigue cosechando altas recompensas ignora la necesidad de retomar lo fundamental, de recuperar las partes que se saltó en el proceso inicial de aprendizaje.

Las personas con problemas de seudocompetencia *querrían* a veces (consciente o inconscientemente) ser desenmascaradas, porque tal vez entonces recibirían la comprensión y la ayuda que necesitan para el problema de su talón vulnerable. Sin embargo, también temen que si se descubre este defecto que con tanto celo han logrado ocultar a sus antiguos maestros y a quienes hoy las admiran, la experiencia sea humillante y vergonzosa.

Si vamos más lejos, la *seudocompetencia* tiene dos partes, relacionadas con el presente y el futuro. La descripción que hemos hecho hasta aquí tiene que ver con el presente. En la segunda parte, que afecta al futuro, las personas aparentan, desde un punto de vista *objetivo*, que son capaces de desarrollar su tarea de manera competente, pero desde una perspectiva *subjetiva,* carecen de la seguridad para creer que en adelante podrán hacerlo bien sin tener que pasar por una experiencia de ansiedad y sin sentir la tensión y el agotamiento desproporcionados que sufren después. Es el caso de Tony, un orador muy respetado por su gran capacidad para entretener a la audiencia y que puede, por lo tanto, exigir honorarios astronómicos. No obstante, antes de cada discurso le invade la ansiedad, la tensión y la desconfianza en sí mismo porque está convencido de que es totalmente incapaz de dar a los demás lo que esperan de él. A pesar de todas las conferencias que haya pronunciado con éxito, le asalta la sensación de que nunca más podrá hacerlo. Ahora, por lo menos, ha logrado hablar del problema con una persona en quien confía y que lo puede ayudar.

La seudocompetencia es algo muy distinto de la competencia y la incompetencia. Tal como lo planteo en este trabajo, ser incompetente significa «no estar capacitado o no ser apto para llevar a cabo una tarea o función... demostrar falta de capacidad... no poder llevar a cabo el trabajo de uno».[3] En cambio, defino a la persona competente como «suficientemente capacitada o apta... eficaz». Ambas definiciones, extraídas del diccionario, se centran en la aptitud o capacidad. Esto implica, por ejemplo, que la competencia de una persona al volante de un vehículo puede evaluarse externamente sabiendo si ha obtenido el permiso de conducir después de aprobar el examen requerido.

La competencia, particularmente en las profesiones que ofrecen ayuda, tales como la terapia, requiere conocer los propios límites, saber qué es lo que podemos hacer o lo que no sabemos hacer y también tener conocimiento de lo que uno puede y sabe hacer basado en evaluaciones internas y externas que concuerden. Un médico internista competente sabrá cuándo debe enviar a un paciente a un especialista que sea competente en el tratamiento específico de, por ejemplo, problemas estomacales. De un terapeuta preparado para tratar con alcohólicos podrá decirse que es competente cuando sea consciente de sus defectos, porque sólo a partir del momento en que admite las limitaciones de su capacidad será capaz de enviar al paciente a alguien que *sí* sea competente en el tratamiento del alcoholismo.

Por lo tanto, ser competente implica poder hacer una evaluación real de la capacidad e incapacidad propias. Una persona es incompetente cuando no puede cumplir con los criterios establecidos y esto es algo que deben tener claro tanto la persona implicada como los demás. La seudocompetencia se manifiesta cuando este límite no está claro, cuando no se puede establecer con certeza, usando el propio juicio, si se es competente o incompetente. Cuando un cirujano no está seguro de si está o no capacitado para operar, o cuando un abogado es incapaz de sintetizar su defensa, ambos dejan de ser verdaderamente competentes.

Lo que distingue a un profesional verdaderamente competente es su capacidad de distinguir lo que puede de lo que no puede hacer y, al mismo tiempo, de evaluar la competencia de los compañeros y colegas que forman parte de su mismo grupo profesional. Si no existiera un criterio común para establecer la competencia, no habría manera de distinguir entre jueces malos y buenos, entre buenos y malos peluqueros o agentes de seguros (los cuales, por lo general, si son competentes y se rigen por una ética profesional, forman parte de una organización que establece y supervisa *los criterios de competencia*). Al elegir específicamente el término seudocompetencia he intentado captar parte de la confusión o ambigüedad que surge cuando la experiencia interna de una persona y la evaluación externa que se hace de ella son diferentes y confusas. Seudocompetencia es un término específicamente psicológico que en ningún caso se utiliza de manera degradante y que tiene por función describir un patrón de ansiedad en la zona donde competencia e incompetencia se cruzan. Es, en defintiva, la imagen de una historia que puede ayudar a las personas a conocerse mejor y a vivir, amar y trabajar con mayor placer.

## □ QUÉ NO ES LA SEUDOCOMPETENCIA □

Como hemos visto, las personas que padecen de seudocompetencia están generalmente consideradas como competentes en su profesión. A menudo se trata de personas muy inteligentes, que conocen perfectamente sus defectos, o de personas superdotadas, capaces de usar su talento para encubrir algo durante mucho tiempo: saben lo que los demás esperan de ellos y saben cómo ocultar su defecto. Crear una ficción ante los demás implica ya un talento: es el resultado de la creatividad aplicada a una situación difícil e intolerable. Un hombre me explicó cómo, tras la muerte de su padre, cuando él tenía doce años, tuvo que hacerse cargo de la casa. Se dio cuenta de que estaba capacitado para hacerlo y recibió muchos elogios por ser «el pequeño hombre de su mamá»: cuidaba a los otros niños y en muchos aspectos era como un esposo suplente. Cuando cumplió doce años, ¡ninguno de los invitados a su fiesta tenía menos de treinta años! Siempre se sintió mayor que sus compañeros y llegó a puestos altos y de responsabilidad muy pronto, pero sentía el peso de una profunda desesperación y de un anhelo doloroso por la niñez que no tuvo.

Cuando admitimos, con vacilación, que no nos sentimos tan competentes como otros creen que somos, por lo general la gente no nos cree o no nos toma en serio. Nos sentimos entonces aún más ridículos y avergonzados, y tal vez tememos que la otra persona se sienta incómoda si insistimos en revelarle nuestra verdad íntima. Cuando un estudiante brillante, cuyos trabajos le valen regularmente las mejores notas, intenta decir a sus maestros que en realidad no comprende la asignatura y que, por lo tanto, no se siente nunca seguro de poder repetir sus propios logros sin esfuerzo, éstos le contestan: «Claro que entiendes; lo que pasa es que no confías en ti mismo lo suficiente» o «El único problema es que no tienes autoestima». Y cuando no se escucha a la persona, la confusión de ésta aumenta, porque se da cuenta de que su evaluación no tiene nada que ver con la que hacen los demás.

Las personas seudocompetentes no son ni fracasadas ni jactanciosas. Las que son un fracaso, por lo general, se descubren rápidamente y no logran mantener mucho tiempo una buena reputación en el trabajo. Las jactanciosas tienden a presumir de que hacen más de lo que realmente pueden y por ello, a menudo, su reputación no se funda en sus logros, porque probablemente son de las que evitan hacer un examen, terminar un libro o tomar parte en una competición. Lo más probable es que digan: «Si hubiera querido ensuciarme las manos con la política, tendría una compañía millonaria» o «Tengo ideas muy brillantes para escribir un libro, pero mi familia es demasiado importante para sacrificarla por la fama» o cualquier «justificación» similar. *Los jactanciosos tienden a sentirse triunfadores, pero se portan como perdedores, mientras que los fracasados se sienten y se comportan como perdedores.* El síndrome de Aquiles describe específicamente a aquellas personas a las que *los demás ven como triunfadoras, pero se sienten fracasadas.* Todos estos términos se utilizan metafóricamente, definidos según el criterio de cada persona, ya que cada uno sabe qué es lo mejor para él.

Por lo general, las personas competentes saben cuál es el nivel general de rendimiento y cuándo no lo alcanzan. Son lo bastante competentes para tener una perspectiva de cómo deben y pueden ser las cosas y qué tienen que hacer para alcanzar el nivel, lo cual no significa ser perfeccionista o ponerse metas inalcanzables, aunque estas dos actitudes pueden estar mezcladas. La seudocompetencia también es distinta de la incompetencia. La incompetencia es fácil de detectar, por ejemplo, en la línea de montaje de una fábrica o en una comunidad agrícola, pero para los asesores psicológicos y psicoterapeutas incompetentes puede ser muy fácil de ocultar, especialmente si no graban su trabajo para que sus colegas puedan escucharlo.

La seudocompetencia tampoco consiste en mentir deliberadamente o engañar. ¡Se han dado casos de personas que consiguen engañar a todo el mundo haciéndose pasar por cirujanos y trabajan en un hospital sin haber pasado siquiera por la facultad de medicina! Los analfabetos inteligentes desarrollan una enorme capacidad para esconder el hecho de que no saben leer. Otro caso, que puede parecer increíble, es el de un alto ejecutivo que logró labrarse una carrera llena de éxito pese a ser incapaz de reconocer o recordar una cara. La gravedad de su problema quedó al descubierto cuando fue detenido por importunar a una anciana en la calle: la había tomado del brazo y saludado cariñosamente porque le pareció que era su madre. De esta forma, después de tantos años de esconder con éxito su problema, el incidente le obligó a confesarse con su psicoterapeuta, a quien explicó que en sus actividades sociales sonreía a todo el mundo, ya que era incapaz de distinguir entre las personas a las que reconocía y las que no.

La seudocompetencia tampoco es lo mismo que la humildad —ya sea falsa o verdadera humildad—, sino que tiene su origen en la convicción profunda de que «no he hecho lo que sé que puedo hacer». Para diagnosticar con precisión la seudocompetencia en nosotros mismos tenemos que tener una idea de dónde reside nuestra carencia, de cuáles son las preguntas que tememos que nos hagan el examinador, los estudiantes o el paciente. Hacemos más de lo que se nos exige y logramos resultados mejores de los esperados, pero mientras tanto, consciente o inconscientemente, escondemos, encubrimos, fingimos o engañamos para minimizar, disimular o evitar las lagunas de nuestro conocimiento o nuestra capacidad. Esto no se hace siempre de manera consciente y deliberada, sino simplemente porque no se concibe una alternativa. Por ejemplo, no hay que ver un engaño deliberado en el hecho de que un profesional que trabaja en Bosnia, persona prestigiosa y políticamente cuerda, diga: «Intento ser lo más honesto posible, pero me parece que soy un fracaso», mientras trabaja al borde del agotamiento hasta las dos o las tres de la madrugada ocultando su sensación de fracaso, de que no puede manejar las relaciones personales y de que no se ha integrado a la comunidad.

Entre algunas personas también existe la sensación de que, para sobrevivir en nuestra sociedad, es bueno fingir que uno sabe cosas que en realidad no sabe. Por ejemplo, nadie le aconsejaría a una mujer que llevase su coche averiado al mecánico y le dijera: «No sé lo que le pasa, a ver si por favor lo puede averiguar usted», porque, como dijo Sally «Luego te pueden pasar una factura astronómica y no habrá manera de saber si todo lo que el mecánico le hizo al coche era necesario. En cambio, si dices que te parece que es el tubo de escape o la transmisión, tú sabes que estás fingiendo, pero has intentando establecer tu autoridad. De lo contrario, si aparentas no saber cuál es el problema, seguro que te lo hacen pagar caro».

También hay que diferenciar claramente la seudocompetencia de los mensajes que nos dan los padres o de esos «mensajes impulsores» que, a veces, dictan el guión[4] de lo que debe ser nuestra vida. Cuando los padres inculcan en los hijos mensajes como «Sé perfecto», «Date prisa», «Sé fuerte», «Esfuérzate» o «Compláceme», probablemente lo hacen, igual que Tetis, con las mejores intenciones, porque quieren que sus hijos sean personas excelentes, rápidas, fuertes, valientes y agradables. Pero si estos mensajes, en lugar de asociarse con las metas propias del niño, quedan condicionados a un «Estás bien sólo si...», entonces se vuelven destructivos, porque en ese caso, el niño advierte que la supervivencia o el amor de sus padres depende de lo bien que haga las cosas. Estos mensajes acaban a veces malinterpretándose hasta el extremo de considerar erróneas las aspiraciones naturales de una persona de ser rápida, enérgica, agradable, fuerte y excelente, cuando en realidad «rápido» no es lo mismo que «de prisa», porque la rapidez significa hacer las cosas sin sensación de apuro. Lo que distingue a la persona que verdaderamente trata de agradar de aquella que es compulsiva en su deseo de adaptarse es que la primera no se siente obligada a caer bien a todo el mundo. A veces es bueno ser agradable con las personas, pero no siempre. La diferencia entre hacer el esfuerzo (sin éxito) y experimentar es que lo segundo no requiere que todo el mundo haga el esfuerzo con uno. Ser fuerte significa, en parte, atender nuestras necesidades y no reprimir siempre los sentimientos de forma deliberada o mantener silencio. El comportamiento se vuelve compulsivo cuando la persona está convencida de que no tiene ninguna alternativa en circunstancias distintas y con otras personas. No obstante, la similitud entre seudocompetencia y, por ejemplo, el comportamiento que se deriva de los «mensajes impulsores» reside en que en ambos casos, las personas repiten el guión establecido por los padres (por ejemplo, ser agradable), pero de una manera que garantiza el fracaso, como pasó al principio.

## □ ¿POR QUÉ OCURRE ESTO? □

Una de las causas principales de este problema parece residir en que, a menudo, uno tiene algún motivo, algo verdadero, por pequeño que sea, para desconfiar de uno mismo, y en que esto influye en las sensaciones de engaño o de ansiedad. De hecho, esta discrepancia tan desconcertante que existe entre la excelencia que los demás perciben desde el exterior y la incapacidad que la persona experimenta en su interior esconde en realidad un defecto real o la ausencia de alguna etapa del desarrollo. (Esta falta es frecuentemente el resultado de que, durante la niñez de estas personas, sus maestros o sus padres les atribuyeron tanto talento que consideraron que no necesitaban aprender ciertas cosas básicas o que se iban a aburrir con ellas.) En este sentido, no se trata de una anormalidad psicológica, sino de un problema «normal» que no hay que convertir en una patología ni en una enfermedad, porque se trata de un problema de adaptación. A veces, las soluciones que se pueden dar a una enfermedad o una patología causan mucho sufrimiento.

La seudocompetencia significa que, por lo general, existe una parte de la capacidad que a la persona le causa inseguridad, porque no llegó a dominarla lo suficiente o tan a fondo como quizás lo hicieron otras personas menos preparadas para el trabajo, algo de lo cual podemos ser o no conscientes. El nombre técnico que le he dado al síndrome de Aquiles es el de «seudocompetencia» que, aunque quizás no sea el mejor, expresa algo de la falta de honestidad (a menudo, no intencionada) relacionada con la ejecución del trabajo. En cualquier caso, el término no debe usarse nunca para degradar ni insultar a nadie.

Las personas seudocompetentes *aparentan* ser competentes y, si se las evalúa, se las considerará muy competentes o, incluso, excelentes en su trabajo. Sin embargo, *internamente,* estas personas no confían en ellas mismas ni se consideran capaces de desempeñar bien la profesión que han elegido de forma constante. Y, oculten o no esta inseguridad a sus colegas o amigos, casi nunca pueden llevar a cabo una actividad sin sentir una ansiedad aguda y extrema, tan extrema que puede llegar incluso a incapacitarlas física o psicológicamente. Además, a estas personas les perturba siempre el miedo a pasar vergüenza por culpa de un defecto que hasta entonces han logrado ocultar a los demás. Y, por lo general, en lugar de sentir la satisfacción que una persona se merece por haber hecho un buen trabajo, experimentan las consecuencias desagradables de un agotamiento extremo y el alivio que asociamos con escapar de una situación muy dolorosa.

Por ejemplo, cuando era niña gané un premio de arte y, aunque estaba encantada, era consciente de que realmente no entendía qué había hecho o por qué era bueno el trabajo. Sabía que, probablemente, no podría repetir algo que había salido tan bien por accidente, porque no sabía nada de dibujo ni de colores ni de técnicas de pintura ni tenía la voluntad ni la capacidad para aprender. No sabía que existían las etapas intermedias del proceso de aprendizaje, de modo que me sentí ajena a lo que había hecho, sentí extrañeza ante mi propio patrón de aprendizaje y de adquisición de habilidades y desconfianza ante mi proceso creativo. Pasé de no saber cómo pintar a no entender cómo había pintado tan bien. En definitiva, no había aprendido nada que me estimulara a pintar en el futuro.

En mi trabajo he identificado al menos cinco factores importantes que contribuyen a crear y mantener el síndrome de la seudocompetencia, y en los cuales podemos encontrar algunas respuestas preliminares a preguntas como «¿Cuáles son las causas del síndrome?» o «¿Cómo se produce?» Estos cinco factores son: las exigencias de los padres, las decisiones tomadas durante la niñez referentes a cómo vivir la vida, la incorrecta orientación de la educación, las fuerzas colectivas y las razones arquetípicas. Discutiremos brevemente cada una de ellas por separado y además, a lo largo del libro, irá encontrando más explicaciones sobre ellas.

Muchas personas crecen siendo seudocompetentes como resultado de las exigencias irreales, punitivas o manipuladoras que les imponen los padres. Son personas que se ven obligadas a intentar satisfacer grandes expectativas y a las que, sin embargo, no se les ha proporcionado una base sólida o el apoyo necesario. Un ejemplo es el de Mohammed, que decía desesperado: «Mi madre esperaba que yo fuera capaz de hacer cualquier cosa y de hacerla a la perfección.» Aunque por un lado parezcan positivas, este tipo de expectativas —probablemente relacionadas con el deseo de los padres de tener, igual que Tetis, un hijo brillante e «inmortal»— pueden ser a veces inadecuadas o inapropiadas para la capacidad del niño. A menudo, un padre puede coaccionar a su hijo pretendiendo que éste compense con sus logros los fracasos y las desilusiones de la vida del padre.

No son sólo los padres quienes imponen a los hijos exigencias, deseos o manipulaciones; *los niños también toman decisiones sobre cómo vivir su vida*, sobre cómo abrirse camino en el mundo, decisiones que pueden o no ajustarse a las que sus padres les imponen con sus amenazas, descuidos, premios o castigos. Todos hemos decidido alguna vez que no haremos una determinada cosa nunca más si el resultado de haber expresado nuestra emoción, nuestra vulnerabilidad e incluso nuestro amor sincero ha sido la desilusión o la vergüenza. Pongamos el caso de una niña que corre emocionada hacia su madre, diciéndole: «¡Creo que Johnny me quiere!», y la madre la mira, burlona, y le contesta: «¿Qué te hace creer eso?» En ese momento, la niña decidirá no volver a confiar nunca en su percepción sobre si alguien la quiere o no, porque la reacción hostil y de superioridad que la madre ha tenido con ella ha afectado a su capacidad para confiar en su propio juicio en lo que a las relaciones humanas se refiere.

Estas decisiones que la persona toma durante su niñez pueden trazar una especie de «guión» de su vida, que determinará su futuro a menos que reconsidere y cambie estas decisiones. Son numerosos los ejemplos de personas que durante su niñez decidieron cosas como: «Prefiero fingir que lo entiendo todo antes que estar preguntando y sentirme como un/a tonto/a» o «Voy a disimular mi acento para que la gente no se ría de mi pronunciación». Todos hemos conocido a personas que, cuando hablan, intentan fingir adoptando el acento o el vocabulario de la persona que quisieran ser ante los demás. Algunas veces descubrimos el verdadero acento o la verdadera voz de la persona (cuando la voz reivindica su origen) y otras consiguen ocultarla para siempre.

Otros factores importantes que contribuyen a la perpetuación del síndrome de Aquiles son *la inadecuación, las deficiencias, las ridiculeces y las crueldades de nuestro sistema educativo*. Mucha gente podría hacer un recuento de las numerosas ocasiones en que se ha sentido defraudada, maltratada o explotada por profesores y otras personas de las cuales esperaba cuidados y enseñanza. A veces, las personas se saltan etapas importantes de su aprendizaje y los maestros ni siquiera lo advierten. O, por el contrario, hay maestros que, para alimentar su propia reputación, son capaces de presionar a sus alumnos más brillantes para que den más de sí. En los periódicos hemos leído noticias sobre gimnastas de élite que ganan muchos premios para mayor gloria de sus maestros o entrenadores, pero que, en su esfuerzo por mantener las expectativas de éstos, terminan con lesiones graves en la columna o trastornos de alimentación. Los jóvenes gimnastas viven seducidos por la atención que los entrenadores dedican a sus exhibiciones y éstos, a su vez, están fascinados por la atención que reciben del público. Resultado: todos acaban olvidando las normas más básicas para mantener una buena salud.

Otra causa perniciosa de la seudocompetencia que existe en nuestra sociedad lo constituyen lo que podríamos describir como *fuerzas culturales colectivas.* Nos referimos a la enorme, sutil y penetrante influencia cultural que nos exhorta a ser más ricos, más delgados, más jóvenes, más inteligentes y a tener más experiencia en todo. Algunos estudios demuestran que una persona puede verse expuesta cada día a más de doce mil mensajes publicitarios, la mayoría de los cuales la incita a perseguir ideales irreales y la aboca al desánimo si no los alcanza. Son mensajes que a menudo carecen del apoyo de una información básica en la que se explique cómo cuidar de uno mismo o se dé una evaluación real del costo de los productos. Además, los populares manuales del tipo «Cómo conseguir algo sin esfuerzo», que se encuentran en la mayoría de las librerías, pese a ser entretenidos e informativos, también contribuyen a crear y a reforzar las condiciones que fomentan la seudocompetencia.

En lo profundo del inconsciente hay patrones de predisposición personales, establecidos sin embargo por la psicología colectiva, que nos llevan a reconocer una historia y a adoptarla como nuestra. Se los conoce como *patrones, imágenes o predisposiciones arquetípicas,* y la leyenda de Aquiles, que para mí recoge los aspectos más importantes de este síndrome, es uno de ellos. Todos los seres humanos buscan historias o imágenes que puedan enseñarles algo y que, a su vez, sirvan de modelo en sus vidas. Los antiguos mitos y leyendas, lo mismo que los héroes actuales del escenario y la pantalla, satisfacen estas necesidades, pero lo importante es poder distinguir si estamos aprendiendo del patrón arquetípico o si, en cambio, estamos atrapados en él, para que seamos nosotros mismos quienes escribamos nuestra vida y nuestra historia.

## □ EL MIEDO A SER DESCUBIERTO □

Como ya hemos visto, la persona que padece el síndrome de Aquiles vive en una tensión constante entre el deseo de que todo le salga bien y el de que alguien le ayude a corregir o a curar su defecto. Esta tensión aumenta hasta que se alcanza una situación extrema de la cual la persona sólo puede salir perdiendo.

Por un lado, como seres humanos saludables queremos y necesitamos recibir reconocimiento y aprecio a cambio de lo que damos; por otro, siempre existe una exasperante inseguridad, porque aunque nos proporcionaría un gran alivio convencer a alguien de lo verdadero de nuestra incompetencia en ciertas áreas, tal vez no podemos encontrar la ayuda que tanto necesitamos y tan desesperadamente ansiamos. O quizás nos da miedo pedirla y, de hecho, este tipo de ayuda puede tener dos malas consecuencias: puede pasar que no nos crean y que, en cambio, nos vean como seres débiles o neuróticos o puede que, si se lo toman muy en serio, adopten una actitud exagerada, nos releven de nuestras responsabilidades o nos degraden en el trabajo. A veces se utiliza «la confesión» de una persona para castigarla y humillarla o para herir el orgullo que siente por la posición que disfruta en su trabajo o entre sus colegas.

Admitir que uno no se considera verdaderamente competente (en su trabajo o en su organización) puede ser un acto de autodestrucción en una cultura machista y agresiva, en la que el rendimiento es más importante que el potencial de futuro y la voluntad de aprender. «Lo más difícil de mi vida es presentarme como asesora, es como aporrear una puerta y decir "Abran, así soy yo, juzguen si les interesan mis servicios". Podría vender algo distinto, pero como el producto en venta soy yo, me es imposible. Siempre juego con la idea de escribir una nueva propuesta para promocionarme, pero soy incapaz de concretarla y nunca llego a imprimirla, porque me parece que antes de sacar un folleto informativo tiene que quedar perfecto.»

## □ MORIRSE DE VERGÜENZA □

Que a uno le descubran frente a amigos, conocidos y enemigos y que éstos se den cuenta de que uno no era quien verdaderamente decía ser es una experiencia mortificante. Si la vergüenza era ya muy real para los dioses griegos, para nosotros aún lo sigue siendo. Es una de las emociones humanas más dolorosas. Cuando uno se siente avergonzado quisiera «desaparecer» o que «se lo tragara la tierra». Querer desaparecer de la vista de todos para no estar a merced de ojos que avergüenzan y acusan es un sentimiento característico de esta emoción, como lo prueba el que muy a menudo escuchemos la expresión «Me moría de vergüenza». Para Aquiles, el hecho de que se descubriera en público que había pasado por totalmente inmortal cuando en realidad sólo lo era en parte debió de ser más humillante que la muerte misma. Sabemos también que su orgullosa madre se sintió degradada cuando la casaron con un simple mortal. La culpabilidad, sin embargo, es diferente a la vergüenza. Uno se siente *culpable* por algún acto u omisión que considera malo y la culpabilidad está relacionada con comportamientos que se pueden reparar o por los cuales se pueden pedir disculpas. En cambio, cuando sentimos *vergüenza* tenemos la sensación de que todo nuestro *ser* es malo. El siguiente ejemplo, ofrecido por un paciente, refleja esta sensación de vergüenza:

«El segundo día de clase me oriné encima. Nadie me había dicho dónde estaban los lavabos. Me volví hacia el niño que tenía a mi lado y le dije: "¿A ti qué te parece que es esta agua que hay debajo de mi asiento?" Yo no sentía ninguna vergüenza. Pero entonces la maestra me hizo poner de pie frente a todo el mundo y me gritó "¡Ven y límpialo!" La humillación pública que sufrí fue muy vergonzosa. Hasta entonces lo que había hecho estaba bien, porque era agradable.»

Cuando May era adolescente, su madre intentó hablarle sobre la menstruación, pero cuando advirtió la vergüenza que esto le causaba a su madre, May también se sintió avergonzada. A otra mujer le pasó lo contrario; sus padres la trataron como a una persona sexualmente madura cuando aún no lo era. Estas dos mujeres hablaron del silencio de la vergüenza y de la incapacidad para pedir ayuda que esta vergüenza provoca, ya que nos impide obtener la información que permitiría resolver el problema.

Las diferentes culturas tienen, por supuesto, distintas maneras de educar, criar y avergonzar. Algunas religiones han institucionalizado la vergüenza y he observado que en algunos países, como Gran Bretaña, la seudocompetencia está más arraigada entre personas que han mejorado su nivel de vida o educación. Como ejemplo podemos utilizar el de una persona que proviene de la clase trabajadora o media que se encuentra en una cena muy elegante y no se da cuenta de que está usando el tenedor incorrecto, o rebanando el pan en lugar de romperlo. Esa persona *es consciente* de que le corresponde estar presente en esa cena, porque como persona es tan valiosa como cualquiera otra; sin embargo, quizás tenga la *sensación* de que realmente no forma parte de este entorno, por consiguiente, le dará mucha vergüenza admitir que no conoce las normas de la etiqueta y se dedicará a imitar a los demás, a observarlos y a seguir su ejemplo con un aire subrepticio y tenso, mientras le acecha el temor de que una persona receptiva se dé cuenta de que está fingiendo, descubra el engaño y haga saber a todos los que están sentados a la mesa que «¡nadie con un poco de educación cogería el cuchillo como si fuera un lápiz!». En otros países, los padres se avergüenzan tanto de que les nazcan sólo hijas que prefieren asfixiarlas cuando nacen antes que soportar la humillación.

Todos los seres humanos sentimos el profundo deseo de ser inmortales, invulnerables e irresistibles. Nos gustaría vivir eternamente, que nunca nos hirieran y que nos quisieran siempre. Tetis, la madre de Aquiles, quería que también él fuera inmortal, pero no lo consiguió, porque aunque Aquiles libró batallas, acumuló victorias y logró un enorme poder personal, probablemente siempre le acechó el temor de que su vulnerabilidad secreta fuera descubierta de manera accidental, maliciosa o fatal. A menudo es más fácil cubrir una mentira con otra que enfrentarse a la vergüenza de admitir no sólo el primer engaño, sino todos los demás encubrimientos que le han seguido. Las personas compensan su vulnerabilidad construyéndose una armadura, que puede ser física cuando la tensión se incorpora a la forma y la estructura del cuerpo. El peso de esta armadura hace más lentas a las personas y atrae la atención justamente sobre el área que deseaban ocultar. Algunos ejemplos de personas que arrastran su tensión son los de aquellas que tienen la mandíbula hacia fuera, los hombros subidos como muestra de tensión crónica o el trasero apretado. La armadura corporal también está relacionada con la vergüenza. «Recuerdo una excursión que hicimos en el colegio cuando tenía catorce años. Profesores y estudiantes se echaron a nadar desnudos. Mi amigo me dijo: "Ahora o nunca." Me quité la ropa y me tiré y en cuanto lo hube hecho pensé: "¿Me muero aquí bajo el agua o salgo fuera y me muero de vergüenza?"» Si la energía que perdemos sintiéndonos avergonzados, humillados, cobardes, sudorosos y tensos es mucha, nos quedará muy poca para aprender.

Las personas están siempre pendientes de las señales físicas o el lenguaje corporal de las demás. Un profesor de dicción[5] explicó que los monos indican cuál es su rango social dentro de la tribu con su manera de caminar. Los monos con el rango más bajo arrastran los pies como si pidieran disculpas, llevan los hombros encorvados, tienen la mirada baja, gimen y se echan a un lado, temerosos, cuando se cruzan con algún mono que tenga más derecho que ellos a ocupar el espacio. Indican muy claramente que, si hay que patear o empujar a alguien, ellos son víctimas disponibles. Los machos jóvenes que aspiran a mandar en la tribu se pavonean sacando la quijada, con la mirada agresiva, amenazando a todos, emitiendo gruñidos varios y lanzando miradas provocadoras mientras inflan el pecho y separan las patas. Sin embargo, el mono que ocupa el puesto más alto, el que domina como jefe de la tribu, está mucho más relajado que los otros. Camina sin dificultad, a grandes pasos, y lanza golpes aquí y allá cuando es necesario, pero con aire impasible. Es un mono tranquilo, seguro de sí mismo y de su competencia, que no tiene nada que demostrar ante los demás. Su confianza concuerda con su nivel de competencia.

## □ SALTARSE LAS ETAPAS BÁSICAS □

Las teorías del aprendizaje infantil sugieren que hay etapas particulares o períodos críticos que son clave para adquirir ciertas destrezas. Por ejemplo, hay ciertas capacidades del lenguaje que si no se han aprendido a los doce años son casi imposibles de aprender después. Si un niño se salta una etapa crítica de su desarrollo, en la cual le tocaba aprender alguna destreza en particular (y luego lo oculta), le será extremadamente difícil dar marcha atrás y recuperar la enseñanza básica que no ha recibido. «Me parece que debería ser capaz de hacerlo, que *cualquiera* debería ser capaz de hacerlo.» Diferentes estudios demuestran que para que los mecanógrafos aumenten la velocidad con la que escriben a máquina tienen que empezar primero por reducirla, porque cuando lo hacen cometen más errores y se sienten mucho más torpes; entonces pasan a la etapa siguiente, en la cual su velocidad aumenta y su precisión mejora. Otro ejemplo es el del buen jugador de ping-pong que recibe entrenamiento por primera vez y que tiene que cambiar la forma de coger la raqueta. Al principio, con el cambio de estilo, su juego empeorará, pero necesita pasar por esta etapa para alcanzar su nivel de «excelencia»: «Es como si de pronto tuviera que aprender a escribir con la mano izquierda cuando soy diestro.»

A veces los terapeutas se quejan de que pierden capacidad cuando tienen que incorporar nuevos métodos de trabajo, pero para volver a ser consciente o inconscientemente competentes tenemos que pasar por un período de incompetencia consciente. Ésta es una de los razones por las cuales la gente evita volver a los primeros pasos. Además, en nuestra cultura, las primeras etapas de aprendizaje se asocian con una sensación de incomodidad extrema, de torpeza, inseguridad y falta de confianza en uno mismo. Por raro que parezca, uno puede llegar a ser psicoterapeuta sin recibir terapia alguna, porque todavía hay formas de prepararse sin que nadie vea al individuo trabajar realmente.

Un joven y brillante guitarrista que toca en varios grupos y goza de una reputación excelente como intérprete e improvisador es incapaz de tocar las canciones básicas que se aprenden cuando se empieza a estudiar la guitarra. Y aunque esto no es ninguna vergüenza, el joven *se cree* que, de alguna manera, su reputación como guitarrista brillante es falsa y evita las situaciones que puedan poner en evidencia lo que él considera que es un secreto humillante.

Otro caso es el de un profesor de ética que no ha estudiado una parte importante de la filosofía básica (por ejemplo, la sección de lógica), que se exige a todos los licenciados en filosofía y, aunque se ha especializado en una rama clásica de la filosofía y ha adquirido fama internacional, cada vez que acude a una conferencia siente que la gente se dará cuenta de que hay algo que no sabe. A pesar de esto, sigue buscando siempre excusas para no volver a retomar el estudio, porque si lo hiciera, sus colegas se enterarían de que necesita ayuda para entender los principios básicos de lógica, que se saltó cuando estudiaba. Su «músculo intelectual» ya no tiene la disciplina que tienen los estudiantes universitarios para resolver problemas de lógica, le da vergüenza pedir ayuda, le falta voluntad para hacer los ejercicios y piensa que no tiene el tiempo necesario para tapar esta grieta de sus conocimientos. En cambio, teme que un día le descubran de manera vergonzosa y le humillen ante todos. Para ser realmente competentes, tenemos que estar dispuestos a volver a aprender lo básico y a permitir que otros, incluso más jóvenes, nos enseñen. Debemos tener la voluntad de volver a ser principiantes, de tolerar la sensación de lentitud, torpeza y vacilación que esto conlleva, como si fuéramos bebés que están aprendiendo a caminar. Por lo general, los bebés no tienen miedo de probar, de fallar y de volver a intentarlo una y otra vez hasta lograr dominar una cosa.

Desafortunadamente, en la cultura occidental, el proceso de aprendizaje y el ser principiante se relaciona con la vergüenza. Los «novatos» son objeto de bromas y, como veremos más adelante, el conocimiento también está relacionado con la vergüenza. Curar la seudocompetencia supone ser escrupulosamente honesto con uno mismo. Aunque puede que las discrepancias de opinión y la dureza con que nos juzguemos a nosotros mismos sean injustas, si somos realmente competentes en una profesión o un campo de trabajo, tendremos una idea bastante clara de qué etapas de la disciplina nos saltamos en su día o cuáles estudiamos sin prestarles mucha atención o cuál era la «parte difícil» que evitamos aprender y otras cosas por el estilo. Por lo tanto, en cada evaluación subjetiva «negativa» hay una pizca de verdad. Las personas que padecen este problema esquivan o posponen las situaciones en las que se verán puestas a prueba. Además, su umbral de tolerancia de frustración es bastante bajo, ya que les resulta muy difícil aguantar los frenazos y puestas en marcha, las progresiones y regresiones que lleva implícitos el proceso de aprender.

Cuando anuncio que voy a dar talleres sobre el síndrome de Aquiles, a menudo recibo cartas en las que me dicen: «Me sorprende que yo esté dirigiendo una gran empresa» o «Me parece que estoy ganando demasiado dinero». La honestidad con la que las personas se expresan en estas cartas demuestra que, a veces, ocultar algo causa una tensión innecesaria. Como ya dijimos en el prefacio, el término síndrome de Aquiles no es rígido ni desalentador, no pretende «encasillar», clasificar ni insultar a nadie, sino que es un término que muchos consideran sumamente útil para definir un conjunto de problemas que entorpecen el bienestar y el desarrollo de las personas, que les impiden disfrutar de sus capacidades, destrezas y talentos. Es un término fenomenológico en el sentido descriptivo y existencial, lo cual quiere decir que el individuo realmente lo siente en su «interior». El término nos permitirá reconocer el síndrome en los demás y en nosotros mismos y, si identificar el problema nos ayuda a solucionarlo, entonces la terminología habrá resultado útil. Por supuesto, la percepción que las personas tienen de su propia competencia fluctúa con el tiempo y en diferentes personas encontraremos diversas graduaciones del problema, de manera que mientras algunas manifiestan un síndrome de Aquiles completamente desarrollado, que afecta a su personalidad, las perspectivas de su vida y su destino, a otras les afecta sólo en pequeñas áreas de su vida o en ciertos momentos. En cualquier caso, es probable que la mayoría de las personas crea que, en algunos aspectos de su capacidad, talento o atractivo, engaña a los demás de acuerdo con el patrón de lo que aquí hemos descrito como seudocompetencia.

### *Sugerencias y ejercicios*

- ★ Haga una lista de las acciones o cualidades sobre las cuales ha engañado con éxito a los demás durante muchos años.
- ★ Escriba un sueño que recuerde en el que haya sentido ansiedad por su manera de actuar.
- ★ Utilice el cuadro que incluimos en la página 49 para hacer una lista sobre sus competencias. «Sé hacer esto y los demás saben que sé hacerlo.»
- ★ Haga una lista de las incompetencias que le gustaría cambiar.
- ★ Haga una lista de las incompetencias que no le importa padecer. Completar este ejercicio da sensación de libertad.
- ★ Escoja un campo en el que usted esté considerado como un/a experto/a y establezca la diferencia entre lo que realmente sabe y los errores que lleva encubriendo quizás desde hace veinte años.
- ★ Decida qué área de competencia le preocupa más y, hecho esto, decida el criterio para establecer lo que, a su juicio, sería tener un nivel «suficientemente bueno».
- ★ Haga una lista de las ocasiones en las que ha echado algo a perder, ha tenido accidentes o ha cometido errores. En el momento en que se produjeron, ¿qué estaba tratando de comunicar a las personas que le rodeaban?
- ★ Haga una lista de las cosas que le gustaría lograr antes de fin de año y, al lado, escriba lo que necesita hacer para conseguirlas antes de esa fecha límite.
- ★ ¿Cómo ha reaccionado al hacer estos primeros ejercicios?

IDENTIFIQUE:

| |
|---|
| **Sus competencias** |
| **Las incompetencias que le gustaría cambiar** |
| **Las incompetencias que no le importa padecer** |
| **Sus áreas de seudocompetencia** |

# 2. *Reconocer a Aquiles*

## *Cómo reconocer a Aquiles. Las características que lo identifican en nosotros mismos y en los demás*

> ... Príamo Dardánida admiró la estatura y el aspecto de Aquileo, pues el héroe parecía un dios... (p. 456) ... se le acercó Aquileo... el cuerpo protegido por el bronce que brillaba como el resplandor del encendido fuego o del sol naciente (p. 406).

Este capítulo trata sobre el reconocimiento de la seudocompetencia en nosotros y en los demás, y discute a fondo las características que la identifican y otros problemas que frecuentemente acompañan a este síndrome.

### □ CÓMO RECONOCER EL SÍNDROME DE AQUILES □

He descubierto que la seudocompetencia puede afectar a cualquier persona, desde el ama de casa que tiene fama por las excelentes cenas que prepara para sus invitados, pero que enferma de preocupación antes de cada una de ellas, hasta el abogado de fama internacional que suda frío con sólo pensar que tiene que representar a un cliente ante el tribunal. No importa que gane mucho dinero ni que en los periódicos las críticas sean muy buenas; esta persona se siente de alguna manera como un fracasado o un farsante. Otro ejemplo podría ser el de la mujer que disfruta planeando las fiestas, pero que cuando terminan nunca queda satisfecha, sino que sufre una enorme desilusión: «Durante la fiesta, todo va sobre ruedas. Luego todos se van y me quedo con una sensación como de niño abandonado.»

Hay ejemplos de seudocompetencia en todas las esferas sociales. Tenemos al genio de las finanzas que mueve una fortuna de miles de millones y lo hace siempre con *miedo* a que un día algo vaya mal (como ocurre a veces). Como ha llegado a un puesto tan alto, nadie se atreve a enfrentarse con él y quizás nadie trate de ayudarlo hasta que sea demasiado tarde. Con frecuencia leemos en los periódicos casos de personas que al final viven espectaculares «caídas» y que incluso se suicidan. Entonces descubrimos lo que habían ocultado durante tanto tiempo: por ejemplo, que faltaban grandes cantidades de dinero de un fondo corporativo de pensiones.

El síndrome puede encontrarse también en el profesor doctorado en psicología que no se sabe las tablas de multiplicar y que, por lo tanto, no entiende realmente las implicaciones de los estudios psicológicos y da la clase de estadística muy nervioso, porque siente terror de que un día algún estudiante brillante descubra su incompetencia, cuidadosamente oculta tras un currículum excepcional. También tenemos el caso de la secretaria que no puede escribir bien porque es disléxica o porque cuando iba a la escuela se puso enferma muy a menudo, y que ahora se pasa los descansos y la hora de la comida buscando palabras en el ortografía desesperadamente. Al programa de ortografía que tiene en su ordenador lo pone a hacer horas extras, a pesar de que esto lo hace menos eficaz, e incluso cuando todo le sale bien está tensa, irritable y preocupada. Lo que más ansiedad le provoca es que alguien descubra un día que no sabe escribir y que la humille frente a sus colegas y jefes, que ahora la respetan. Mientras tanto logra mantener su *reputación* de secretaria eficaz y muy competente, pero a costa de mucha tensión, del empobrecimiento de sus relaciones personales y de la pérdida diaria de autoestima debido a todo ese reconocimiento externo.

Aunque el síndrome de Aquiles, como explicamos en el capítulo 1, se puede manifestar de diferentes maneras, he identificado las siete características siguientes como las más frecuentemente descritas por las personas afectadas:

1. El desajuste que existe entre la evaluación que desde fuera se hace de la competencia o capacidad de la persona y el sentimiento que interiormente tiene de esta competencia o habilidad. Esta falta de concordancia conduce a la sensación de ser un farsante.
2. Ansiedad o pánico exagerados antes de llevar a cabo un trabajo importante.
3. Tensión o agotamiento anormal después de realizar el trabajo.
4. Sensación de alivio, en lugar de satisfacción, cuando la actividad ha terminado.
5. Incapacidad de trasladar el más mínimo sentido de logro o conquista a la situación siguiente.
6. Miedo constante, consciente o inconsciente, a ser descubierto/a, a la vergüenza y a la humillación.
7. Anhelo por hablar con otras personas de este malestar junto con el miedo a ser considerado débil o inestable. Esta sensación de tabú aumenta la tensión, la soledad y el malestar.

A continuación examinaremos cada una de estas características del síndrome de Aquiles.

## □ LA DISCREPANCIA ENTRE LA EVALUACIÓN EXTERNA Y LA EXPERIENCIA INTERNA DE LA CAPACIDAD □

Como ya hemos visto, la discrepancia entre la opinión que los demás tienen de nosotros y la que nosotros tenemos de nosotros mismos es la base del síndrome de Aquiles. Por ejemplo, los estudiosos han interrogado recientemente a hombres y mujeres sobre su dominio de un idioma extranjero. Había hombres con un nivel nulo de francés que consideraban que tenían un «buen dominio» del idioma, mientras que mujeres que incluso habían obtenido una licenciatura en idiomas con las notas más altas contestaban que su dominio era «regular» o que «les faltaba práctica». La subjetividad de la opinión que uno se forja internamente sobre su nivel de competencia es lo que lo convierte en un problema difícil de tratar y lo que conduce a que la persona sienta que los demás la juzgan de forma equivocada.

Una mujer muy popular y muy capaz me habló así de su trabajo:

> Todavía tenía la sensación de que era la menor de la clase y de que no podía acercarme mucho al resto del equipo porque si me miraban bien, se iban a dar cuenta. Solía mantenerme al margen, a pesar de lo cual seguía siendo una de las personas clave. Era popular y la gente quería estar conmigo, como si yo fuera una atractiva abeja. Pero siempre llegaba un momento en que huía de ellos. Me asustaba pensar que si pasaban mucho tiempo a mi lado iban a descubrir mi secreto.

## □ ANSIEDAD O PÁNICO EXAGERADOS ANTES DE LLEVAR A CABO UN TRABAJO IMPORTANTE □

Una de las características de las personas seudocompetentes es que siempre buscan un cura, un maestro, un gurú, otro curso, cualificación o un reto, tal vez con la esperanza de que, mientras tanto, alguien las ayudará a reconocer sus grietas y a llenarlas. Para ellas es fundamental hacer esto sin «desprestigiarse» y sin pasar vergüenza, como les ocurrió el día en que se establecieron las raíces del problema. Todo esto las conduce, por supuesto, a inhibir el placer que brinda la actividad, a no disfrutar del trabajo y, con el tiempo, a tener miedo del trabajo mismo.

Un aprendiz de terapeuta me dijo:

> Empecé como músico. Camino de los conciertos me ponía enfermo. No sé ni cómo obtuve la licenciatura en música. Lo logré, pero fue horrible. La mente se me quedaba en blanco y me temblaban las manos. Pero cambié mucho cuando hice mis exámenes para terapeuta. Me enfrenté a la situación de otra manera, me olvidé de algunos de los viejos fantasmas. Me sorprendía cuando lo que hacía salía bien; creía que era cuestión de suerte.

Las personas que padecen el síndrome de Aquiles se preparan más de lo normal para llevar a cabo una tarea, movidas por el pánico y la creencia de que «si no lo hacen así, las descubrirán». La noche anterior están aterrorizados, leen docenas de libros para preparar una conferencia de media hora y enferman de miedo con sólo pensar que alguien les puede hacer una pregunta que no sean capaces de contestar.

En cambio, las personas no se asustan cuando son competentes en su trabajo. Anhelan llevarlo a cabo, lo disfrutan mientras lo hacen y cuando lo terminan sienten satisfacción. El proceso de preparación es generalmente una experiencia total, que provoca en el cuerpo una sensación de excitación y comodidad y que está respaldada por las fantasías y los sueños. Pero si la persona nunca se ha sentido verdaderamente competente, puede que lo único que espere del futuro sea la repetición de esta dolorosa experiencia de seudocompetencia.

## □ TENSIÓN O AGOTAMIENTO ANORMAL DESPUÉS DE HABER REALIZADO EL TRABAJO □

Muchas personas se quejan de que acaban exhaustas, quemadas o agotadas después de actuar en sus áreas de seudocompetencia. Y me consta que, en los talleres sobre el síndrome de Aquiles, los participantes también terminan tensos y agotados, «sólo por el hecho de enfrentar la verdad». Y es natural que así sea, porque resulta agotador vivir en un constante estado de miedo, de tensión y caos interno en relación con nuestro trabajo, una fuente fundamental de autoestima y reconocimiento en nuestra cultura.

Para curar la seudocompetencia tenemos que controlar constantemente que el nivel de fatiga sea lógico. Es normal estar cansado después de haber hecho algo difícil, pero el síndrome de Aquiles provoca un cansancio superior al natural. Sentirse cansado durante mucho tiempo puede ser una señal de que el nivel de agotamiento no concuerda con el gasto de energía realizado. Cada persona tiene que evaluar por sí misma cuál es el nivel apropiado, del mismo modo que uno no puede calificar de seudocompetentes a los demás. La seudocompetencia es algo que las personas tienen que reconocer por ellas mismas y que sólo ellas pueden conocer: no es algo que los demás puedan juzgar de forma objetiva, porque sólo la persona afectada tiene capacidad para distinguir el cansancio que siente después de una carrera o de un trabajo bien hecho de la fatiga extrema, que le provoca pasarse el tiempo intentando no «ser descubierto».

## □ ALIVIO EN VEZ DE SATISFACCIÓN CUANDO LA ACTIVIDAD HA TERMINADO □

Es natural sentir satisfacción cuando se termina un trabajo: sentirse bien al revisarlo, estar contento con aquello que quedó bien y aclarar y aprender con aquello que todavía se puede mejorar o que se puede hacer de otra manera. Pero el síndrome de Aquiles y la acumulación de tensión nos privan de esta satisfacción, porque nos parece que nos hemos comportado de forma fraudulenta. Cualquier alivio que podamos sentir se debe a que lo que estaba en juego era muy importante y no a que sintamos que lo que hemos hecho está bien. «Gracias a Dios que los engañé otra vez», pensamos.

Por culpa del síndrome no hay satisfacción o placer genuinos y el breve alivio puede convertirse en miedo a la tarea siguiente. La persona no cree merecer tal alivio y, por lo tanto, siente que éste no puede aumentar (si acaso debe disminuir) la confianza en ella misma. Un trabajador muy respetado, en apariencia muy capaz y competente, me dijo:

> Ya ni siquiera siento alivio cuando termino un trabajo. En lo que se refiere a mi capacidad, me he vuelto supersticioso y me parece que si me permito creer que algo ha ido bien, irá mal, que el orgullo trae la caída. Pende sobre mi cabeza como la espada de Damocles. Aunque tenga confianza en mí mismo y conozca bien mi trabajo, de repente, algo me desestabiliza. Ahora estoy tratando de curar esta herida que pudo haberme destruido.

## □ LA INCAPACIDAD DE TRASLADAR UN SENTIDO DE LOGRO A LA SITUACIÓN SIGUIENTE □

Otra característica de las personas que padecen el síndrome de Aquiles es la de no creer que el éxito de una ocasión se repetirá en la siguiente. Por ejemplo, en vez de sentirse satisfechas y contentas por haber pronunciado un buen discurso, se dicen a sí mismas que ha sido por casualidad, que han tenido suerte o que se trataba de un público fácil (o de un examen fácil). La capacidad que han demostrado no aumenta o refuerza su confianza a la hora de enfrentarse a un desafío similar. Quizás un observador externo describa esta reacción como falsa modestia, pero a mi parecer se debe tomar muy en serio, porque generalmente es la expresión de una autoevaluación genuina, aun cuando el contenido no sea del todo exacto (por ejemplo, quizás sí fue un buen discurso o quizás sí fue un público fácil). Identificar, hacer frente y corregir esta limitación que nos impide realizar, alcanzar y satisfacer nuestro potencial como personas y como profesionales es una deuda que tenemos con nosotros mismos y con los demás. Las personas seudocompetentes ejercen a menudo un control exagerado en áreas donde no deben hacerlo y al mismo tiempo, controlan poco aquellas en las que sí deberían hacerlo. A menudo, estas personas se quejan de que sienten que no forman parte de ningún grupo, ya que no tienen la sensación de ser realmente ellas mismas. Se trata de que la persona sea honesta consigo misma y que, al mismo tiempo, sea naturalmente ambiciosa para llegar donde quiera.

Tony, que era un orador nervioso, encontró algo que le ayudaba. Descubrió que podía sentir que había logrado algo si tenía claros cuáles eran los temas de los que era capaz de hablar con conocimiento. Dado este paso, sabía cuál era el siguiente:

> Yo controlaba muy poco la publicidad que anunciaba de qué iba a tratar la conferencia, la relación de esa publicidad con lo que yo iba a decir y, por tanto, con lo que el público venía preparado para oír. Después de cometer varios errores, he aprendido que tengo que revisar cuidadosamente la publicidad para conseguir el contexto adecuado que me permita sentirme capacitado y tener confianza.

## □ EL MIEDO CONSTANTE, CONSCIENTE O INCONSCIENTE, A SER DESCUBIERTO, A LA VERGÜENZA Y A LA HUMILLACIÓN □

Los orgasmos fingidos, el vaivén de seudocontrol de la bulimia, la agresividad frágil de una personalidad que no ha aprendido a defenderse a sí misma de manera real y firme: todos son posibles indicadores de seudocompetencia en personas que, de lo contrario, serían competentes. Son casi siempre individuos que sobresalen, pero que se sienten vulnerables porque están seguros de que, de alguna manera, alguien descubrirá su defecto fatal y lo hará público. Por lo tanto, aunque aparentan tener una gran confianza en ellos mismos, se pasan la vida encubriendo algo (las personas seudocompetentes saben muy bien cuál es ese defecto específico) y temen que un día alguien desentierre ese algo y lo exponga frente a ese fondo de excelencia que habían adquirido. Ésta es la temida y dolorosa humillación que con tanto esfuerzo han tratado de evitar y por ello tratan constantemente de posponer tan vergonzosa exhibición. Siempre tienen miedo de que los demás «las descubran» o «las reconozcan», porque en el fondo se repiten a ellas mismas: «Sé que faltan cosas. Mi sentido de la estética, de la verdad, está alterado por esta razón.» Estas personas pueden tener pesadillas o sueños recurrentes, en los cuales se ven a sí mismas en lugares públicos y sin ropa, mientras la gente se da cuenta y se burla. Aunque estos sueños puedan tener significados individuales, Aquiles reconocería el pánico que hay escondido en ellos.

## □ EL ANHELO POR HABLAR DEL MALESTAR CON OTRAS PERSONAS JUNTO CON EL MIEDO A SER CONSIDERADO DÉBIL O INESTABLE □

Mientras continúa la seudocompetencia, aumenta a cada momento el esfuerzo necesario para mantener las apariencias, lo cual consume aún más la energía, la confianza y la autoestima de esa persona. Cuando ha acumulado desesperación suficiente, empieza a lanzar indirectas, sin dejar de ocultar que algo le pasa, atrapada como está en el círculo vicioso de sentir los síntomas y reprimirlos. La persona transmite un mensaje doble: «Descúbranme/No me descubran.» «Descúbranme» es el mensaje más débil, debido a la fuerza que tiene el encubrimiento. Sin embargo, la misma fragilidad de la ocultación se puede quebrar de un golpe sólo con ser descubierta.

El siguiente ejemplo demuestra la desesperación de un niño por romper el ciclo diciendo la verdad:

> Mi madre esperaba mucho de mí y yo asumí ese papel. Era algo que tenía que concederle para que siguiera sintiéndose feliz, segura y satisfecha, no importaba a qué precio. Por lo tanto, si tenía mucho miedo (y sentí miedo muchas veces, y tristeza), sabía que de ningún modo podía decírselo, porque mi deber era proporcionarle la seguridad y la protección que

> ella necesitaba. Recuerdo haber llorado a veces porque no podía aguantarme las lágrimas, y lo que hacía ella era llorar también. Entonces tenía que sacar fuerzas de flaqueza y seguir proporcionándole lo que ella quería. Me parecía que no estaba bien que yo fuera sólo un chico normal y me sentía inseguro diciendo las cosas típicas de niños normales.

La sensación de ser un farsante proviene también muchas veces de actuar como los demás esperan que lo hagamos. Mirando hacia atrás, estudiando la raíz de su problema de seudocompetencia, Megan se dio cuenta de que lo que quería cambiar no era su naturaleza, sino las actitudes y las reacciones que tenía hacia los demás y hacia ella misma:

> No quiero renunciar a las cualidades que tenía entonces. Lo más importante ha sido aceptar esa parte de mí e incluso ahora creo que fui una buena niña. Probablemente tenía cualidades que me ayudaron a salir adelante, y si los otros me vieron como una adulta precoz, pues era su forma de verlo. No estoy de acuerdo con esa interpretación, pero sí lo estoy conmigo misma al pensar que fui una niña tenaz.

## ■ ¿POR QUÉ ES TAN IMPORTANTE EL SÍNDROME DE AQUILES? ■

En muchas disciplinas, el costo en términos de dolor y sufrimiento por parte de niños, trabajadores, ejecutivos, artistas e individuos superdotados es enorme. Me he topado con muchas personas de campos distintos que sienten gran alivio y comprensión cuando reciben información sobre la seudocompetencia y que, en vez de sentirse avergonzadas u ofendidas, sienten que reciben ayuda y se les despierta la curiosidad. «Soy consciente de que, de manera constante, negativa y subversiva, el síndrome ha afectado mi confianza en mí misma, el placer que podría obtener de mi trabajo y mi autoridad como profesora. Y sólo el hecho de entender esto ha reducido mi ansiedad.»

Son muchas las personas que nos cuentan que consumen drogas o alcohol o que tienen una vida sexual promiscua para compensar el miedo extremo y constante de que, sin querer, salga a la luz la insuficiencia secreta que ocultan tras su fachada de brillantez y confianza. Hay estudiantes que se suicidan por miedo a no poder mantener su trayectoria de notas altas, por ese defecto que consiste en creer que «Sólo estoy bien si soy perfecto». Desarrollan un terror mortal ante los exámenes o ante cualquier situación de prueba que pueda poner al descubierto de forma fatídica su incompetencia o las áreas ocultas de su ignorancia, porque no sabrían qué hacer si fallasen. El miedo ante la desilusión que pueden sufrir sus padres y maestros si se dan cuenta de que no son tan capaces como todo el mundo cree es tan abrumador que muchos prefieren morir en lugar de correr el riesgo de que, en la batalla del examen o en la competición, se descubra la vulnerabilidad de su «talón». Se necesita mucho coraje para decidirse a aprender algo nuevo, para exhibir la propia «desnudez» de «no saber».

## ■ ¿POR QUÉ SE IGNORA EL SÍNDROME TAN A MENUDO? ■

El hecho de que este problema se pase por alto tan a menudo quizás se deba a que muchos jueces o asesores externos lo padecen, a que ellos «ocultan» también con su miedo alguna ignorancia fundamental o alguna incompetencia que, si fuera descubierta, sería la causa de una vergüenza mortificante y provocaría la desilusión de todos aquellos que creían en ellos, que les elogiaban y les habían otorgado una «posición superior». En consecuencia, estas razones individuales los impulsan a no reconocer el síndrome en ellos mismos, y les impiden reconocerlo e identificarlo en los demás.

Es como si nos hubiéramos convertido en una sociedad donde todos conspiramos unos con otros para «encubrir» nuestros defectos fatales, porque nos avergüenza admitirlos en público. Desafortunadamente, cuanto más conspiramos en este fingimiento mutuo, más dolorosa es la tensión que nos provoca mantener el secreto. Por lo tanto, hay razones individuales y colectivas para evitar reconocer el problema y para continuar negando su existencia pasando por alto los enormes costos de mantener la ficción. Una pena, porque, de hecho, si empezamos a reconocer el síndrome y a solucionarlo hay esperanza y es posible la satisfacción.

Como señalé al principio, una motivación básica tanto para los niños como para los adultos en desarrollo es su voluntad de ser competentes: aprender una destreza nueva o adquirir nuevos conocimientos implica un desafío, pero también una recompensa. Sin embargo, las personas seudocompetentes quieren pasar de la incompetencia a la competencia saltándose los pasos intermedios. Como me dijo una vez una estudiante, medio en broma: «¡Dios me libre de que alguien me *vea* aprendiendo!» A menudo, estas personas quieren evitar *sentirse* de nuevo incompetentes, faltas de destreza o torpes, deseo que resulta imposible de cumplir si uno realmente quiere aprender, porque sentirse y comportarse como un incompetente será siempre una etapa necesaria en el aprendizaje. Por desgracia, nuestra sociedad y nuestros maestros nos han hecho sentir a menudo que esta etapa del proceso de aprendizaje —la de la incompetencia consciente— es vergonzosa y que existe una presión colectiva para encubrir este defecto fatal. Pero también es posible que si los maestros se confabulan con nosotros sea en parte porque no quieren que el público descubra su propia incompetencia y las mentiras concomitantes y en parte porque no sabrían qué hacer si eso sucediera.

### *Sugerencias y ejercicios*

- ★ Haga una lista de las cosas en las cuales se considera incompetente, pero en las que sus colegas dirían que es competente.
- ★ ¿Qué cosas que usted no puede o no sabe hacer teme que descubra la gente?

- Escriba un texto para hacer publicidad de usted mismo. ¿A quién le parece que va dirigido? ¿El contexto es el que debe ser?
- Identifique la tensión o el trauma que le llevaron al encubrimiento. (Si vive en una familia que no le valora como persona o en un ambiente donde todo el mundo tiene éxito, el efecto es de tensión [acumulativa] más que de trauma.)
- ¿Qué recuerdo tiene del incidente más vergonzoso de su vida y de qué modo sería diferente ahora? ¿En qué podrían haber sido distintas las palabras o las acciones de la persona que le avergonzó? ¿En qué podría haber sido distinta su reacción?
- Vergüenza: ¿puede identificar algo que le dé vergüenza, o que le haya hecho pasar vergüenza? ¿Está preparado/a ahora para superarlo?
- ¿Cuál es la crítica más cruel y destructiva que ha recibido? ¿Qué puede hacer para que no le afecte o para no permitir que le hieran de ese modo otra vez?

# 3. *La niñez de Aquiles*

## *Entender la seudocompetencia desde sus raíces en la niñez*

> Aquiles rompió en llanto, alejóse de los compañeros, y sentándose a orillas del blanquecino mar con los ojos clavados en el ponto inmenso y las manos extendidas, dirigió a su madre muchos ruegos: «¡Madre! Ya que me pariste de corta vida, el olímpico Zeus altisonante debía honrarme y no lo hace en modo alguno» (p. 71).

Este capítulo explora las raíces de la seudocompetencia que se encuentran en la niñez y reúne nuevos estudios sobre el desarrollo infantil —centrados en la necesidad que tienen los niños de dominar ciertas técnicas, de sentirse hábiles y de dar sentido a las cosas— y sobre cómo todo ello se relaciona con el sentido que las personas tienen de sí mismas como agentes autónomos, como autores de su propia vida. También estudia la manipulación y distorsión de estas necesidades infantiles por parte de los padres y la sociedad, y los efectos perniciosos y destructivos de la vergüenza y la humillación. Establece además la diferencia entre vergüenza y culpabilidad y discute esta última.

## ■ LA TEORÍA GENERAL DEL DESARROLLO INFANTIL ■

En el pasado, la terapia y la psicoterapia se han concentrado en los impulsos congénitos de sexualidad y agresividad, que en su mayor parte son inconscientes. Por otro lado, algunos psicólogos han modelado sus teorías a partir del estudio de los animales, concibiendo a las personas como seres que reaccionan a su entorno y que, como las ratas, aprenden por condicionamiento, según el entorno las premie o castigue. La teoría conductista del funcionamiento humano asocia la competencia con la idea de que seremos eficaces o tendremos éxito como reacción a la recompensa o al castigo. En el modelo psicoanalítico, la creatividad y la competencia están asociadas a la sublimación o la perversión de los impulsos sexuales y agresivos. Hasta hace poco, las teorías del desarrollo infantil se centraban en el proceso por el cual un niño se transforma en un ser humano sexualmente maduro. Se reconocía la necesidad de amor del niño, pero se descuidaban, en gran parte, sus necesidades de recibir enseñanzas, de ser hábiles y de creación de significado, como iniciativas con las cuales un niño moldea su mundo.

Durante la última década, en el entorno clínico y académico en el cual se prepara la mayoría de los profesionales de la salud mental ha surgido una serie de objeciones importantes a las opiniones establecidas sobre desarrollo infantil y motivación humana y se ha escrito mucho más sobre el desarrollo de la competencia y las habilidades de los niños. Y, por raro que les parezca a las personas ajenas a la profesión que han visto a los niños crecer y aprender, la literatura sobre psicología apenas está empezando ahora a reconocer el impulso básico hacia la destreza, la creatividad y la evolución que tienen todos los seres humanos.

## ■ EL DESEO DE SABER ■

Para mí es asombroso que la idea de competencia como un impulso importante que se puede observar en los bebés no haya surgido hasta hace poco. Cada vez son más los estudiosos y profesionales que reconocen y dan valor a lo que muchos padres saben y a lo que muchos niños procuran: la motivación y el placer de ser eficientes y competentes. Otros estudiosos de la niñez han observado que los bebés sonríen cuando tienen la sensación de influir en el mundo exterior de manera efectiva o competente. Una de las tesis principales de este libro es que la vida humana no consiste sólo en supervivencia o muerte, sino también en el placer y la felicidad de ser competentes.

Uno de los descubrimientos más importantes de la teoría moderna del desarrollo infantil es que el niño tiene un *ser* mucho antes de lo que previamente se creía, un ser muy activo en lo que a la creación de significado y organización se refiere. Nuestro sentido de ser se fortalece y se alimenta cuando logramos hacer algo que queremos, o cuando alcanzamos el dominio o la competencia en una tarea específica o cuando aprendemos a hacer algo difícil. El niño realmente disfruta sintiendo, y necesita sentir, que es competente en muchas tareas de la vida —desde atar los cordones de los zapatos a desarrollar una nueva amistad—. Por lo tanto, es natural que los humanos saquen placer de la obtención de conocimiento, igual que es natural buscar relaciones íntimas.

Podemos referirnos al impulso por el aprendizaje y la expresión creativa como *Physis* o «élan vital» —la energía de la vida misma—. Mil años atrás, los filósofos griegos hablaban de la *Physis* de la siguiente manera:

> La naturaleza o *Physis*... convierte la semilla en un árbol o el cachorro ciego en un buen podenco. La perfección del árbol o del cachorro ciego es en sí indiferente, algo sin ningún valor fundamental. Sin embargo, la esencia de la Naturaleza radica en trabajar hacia esa perfección.[1]

## ■ CUANDO EL DESEO DE SABER FALLA ■

Sin embargo, en nuestra conciencia colectiva, de alguna manera asociamos el tener conocimientos o el buscarlos con la vergüenza y, por lo tanto, con la sexualidad. A una escritora se le hizo difícil dar una copia de su último libro a sus padres, quienes lo esperaban deseosos y orgullosos, porque en él hablaba honestamente de las ideas erróneas que en su niñez tenía sobre el amor y el sexo. Finalmente, decidió eliminar las páginas específicas que podrían herirlos, con la esperanza de que no se dieran cuenta de los saltos en los números de las páginas.

El psicoanálisis tiende a considerar esta sed de conocimiento como una extensión de la curiosidad sexual o como una sublimación de los impulsos orales. Los escritos sobre psicoanálisis también sostienen que hay una relación cercana entre el sadismo y el deseo de saber. Sartre señalaba que tener, hacer y ser son las tres categorías principales de la realidad humana, y que el saber es una modalidad del tener. La poderosa imagen bíblica de la expulsión del Edén subraya el peligro inherente a la posesión del conocimiento:

> Vio, pues, la mujer que el árbol era bueno para comerse, hermoso a la vista y deseable para alcanzar por él sabiduría, y tomó de su fruto y comió, y dio también de él a su marido, que también con ella comió. Abriéronse los ojos de ambos, y viendo que estaban desnudos, cosieron unas hojas de higuera y se hicieron unos ceñidores... Al hombre le dijo: «...Por ti será maldita la tierra; Con trabajo comerás de ella todo el tiempo de tu vida; ...He ahí al hombre hecho como uno de nosotros, conocedor del bien y del mal...»[2]

La siguiente historia nos muestra cómo el deseo natural de saber se convirtió en un problema de seudocompetencia para un niño llamado Teddy:

> Un día, en el parvulario, el reloj de la clase se paró. La profesora me pidió que saliera al pasillo a ver qué hora era, porque yo era uno de los pocos que podía interpretar el reloj.

> Salí entusiasmado al pasillo y miré el reloj que había sobre la ventana. Lo miré durante un largo rato. Me horroricé al ver que no podía descifrarlo. Era redondo y tenía dos agujas, como todos los demás, pero para mí, los números eran irreconocibles. Eran números romanos. Eran un lenguaje desconocido para mí; un desorden de Is, Xs y Vs que se apiñaban al azar en torno al reloj. No tenían ningún sentido.
>
> Cuando lo recuerdo desde mi actual posición de ventaja, cuatro décadas después, me pregunto qué habría pasado si, simplemente, hubiera vuelto a la clase y habría admitido que no entendía el reloj. En aquel momento estaba demasiado asustado para regresar con semejante confesión. Se suponía que yo sabía, se esperaba que supiera. Había sido elegido especialmente para esta misión porque era uno de los que podía leer la hora. Me sentía tan avergonzado de no poder llevar a cabo lo que se esperaba de mí que sentí pánico. Volví al aula corriendo y al entrar, grité: ¡No encuentro el reloj!, lo que por supuesto desató más risas burlonas que si hubiera dicho sencillamente la verdad. La profesora me miró con irritación y envió a otro estudiante a cumplir la misión —alguien que fuera más observador, dijo—. Volví a mi asiento muy abatido, aunque el secreto de mi incapacidad no corría peligro.
>
> Pasaron muchos años antes de que pudiera dominar los números romanos. Mientras tanto, aprendí a defenderme cada vez que tenía frente a mí un reloj de números romanos imaginando la posición de los números arábigos equivalentes. Adivinar cosas por relaciones de semejanza fue una destreza con la que enmascaré mucha de mi ignorancia durante la niñez. Aprendí a aparentar mucha seguridad y a presentarme como una persona informada mientras internamente sentía la misma vergüenza y el mismo terror que había experimentado cuando miré aquel reloj en el pasillo.

Cuando la maestra le pidió que mirara la hora en el reloj de la escuela, Teddy no sabía nada de números romanos. Pero *sí* podía leer la hora en cualquier reloj con números arábigos. La seudocompetencia surgió porque su maestra pensaba que había conseguido dominar un área del aprendizaje cuando en realidad no era así. A él le daba mucha vergüenza confesarlo y optó por correr el riesgo de disgustarla antes que «quedar mal» admitiendo que no sabía.

## ■ EL PAPEL DE LA VERGÜENZA EN EL DESARROLLO DEL SÍNDROME DE AQUILES ■

La vergüenza puede ser un trauma muy debilitador en la niñez que continúe afectando de forma profunda la vida del adulto. La intensidad de los ejemplos demuestra cuán vivos siguen siendo los traumas en los adultos, incluso décadas después de producirse:

> ¡Qué vergüenza pasé con mi examen de selectividad! Suspendí y por tanto tuve que hacer uno oral. No pude entrar en la escuela que mi madre quería. Y ella ya había comprado la chaqueta del uniforme. Fui a una escuela técnica, pero me sentía fatal porque no había satisfecho las expectativas de mi madre. Pasé mucha vergüenza... Durante cuatro años, mi madre siguió intentando que fuera a la otra escuela. Con el tiempo surgió una vacante, pero entonces ya no quise ir, porque me sentía feliz donde estaba, aunque todavía estaba avergonzado.

La siguiente historia es un ejemplo del impulso natural de un niño por proteger su yo con los recursos limitados que tenía disponibles.

> En casa me enseñaron a tocar el piano y cuando cometía algún error me pegaban en los nudillos. Cuando me vi venir el examen de prueba, no encontraba la manera de calmarme, así que mi madre consiguió que el doctor me diera Valium. Esto ocurrió durante unos cuantos años seguidos, mientras yo seguía diciendo constantemente que no quería seguir. Finalmente, un día vomité encima del piano. En aquel momento, pude echarle la culpa a una enfermedad física y dejé el piano. A mi madre, aquello le dio mucha vergüenza, mientras que yo ¡siempre me he sentido orgulloso! El profesor dijo que había oído interrumpirse súbitamente un sonido hermoso. Eso ocurrió cuando vomité sobre el piano.

Otro ejemplo del niño Aquiles que se convierte en adulto lo aporta el psicoterapeuta que le dijo a su paciente: «Tú nunca permites que nadie te vea cuando no sabes nada de una cosa o mientras estás aprendiendo. Lo que quieres es pasar de gatear a ser el corredor perfecto.» El paciente con una intuición repentina, respondió: «Yo nunca gateé.» Y comprendió que tenía que ir despojándose de sus sucesivas capas hasta volver a ser el bebé que no sabe hacer nada, el bebé que puede probar cosas, equivocarse e intentarlas otra vez y, si era necesario, permitir que otra persona formase parte de su proceso de aprendizaje. A menudo, lo que ocurre en estos casos equivale, simbólicamente, a pasar de estar tumbado en la cuna a caminar: la persona se ve privada de todas las etapas intermedias del ciclo de aprendizaje, por lo que no se puede sentir realmente estable, porque se ha saltado una etapa importante y no ha desarrollado los movimientos y senderos neurológicos que le sirven de apoyo. Eso es algo que ocurre tanto a nivel psicológico como físico:

> Cuando era niño, mis padres me trataban como a un seudoadulto. Yo me sentía halagado, pero más tarde me di cuenta de que había perdido la oportunidad de jugar y de hacer tonterías. Siempre tenía que conseguir algo y sentía la tiranía de sus elogios. Más adelante resulta terrible admitir que, en muchos aspectos, eres una persona común y corriente.

Un rasgo principal de la adicción a aparentar que uno es competente y evitar aprender o ser observado mientras se aprende, es que la persona encuentre o busque maestros que no saben, o que no pueden admitir que ni saben ciertas cosas ni incluso cómo aprenderlas. Si un niño pide una explicación, el maestro tiene la opción de dársela, de decir «Búscala» o de decirle que se vaya. Quizás el niño nunca aprenda que saber dónde y cómo buscar algo es tan importante o más que saberlo. Y así, tal vez lo único que aprenderá será cómo continuar atrapado en este síndrome:

> Yo era el más joven de una familia numerosa. Tenía tres hermanos y trataba de ser igual que ellos. Durante las comidas en familia tenía que apurarme para comer mi parte y lue-

> go para repetir, como todos los demás. Esto dice mucho de cómo he tratado de mantener ese nivel toda mi vida: dado que cualquier objetivo ya había sido alcanzado antes, tenía que apurarme para el siguiente.

Los niños que tienen la oportunidad de asimilar su aprendizaje antes de dar un paso adelante están mucho mejor preparados para resistir el ataque del síndrome de Aquiles que aquellos hermanos y hermanas que no han tenido esta suerte. La etapa de asimilación varía según el temperamento de cada niño.

Mi experiencia en el mundo de la enseñanza me ha demostrado que es más fácil entender los cuatro temperamentos humanos con un diagrama que presente en forma de ondas la naturaleza de cada temperamento (véase diagrama en p. 73).

Su temperamento es aquel en el que se encuentra cómodo: puede ser rápido o lento, fuerte o dócil. Si no está seguro de cuál es el suyo, puede hacerse la siguiente pregunta: ¿se relaciona con la vida primordialmente a través del pasado, del presente, del futuro o de una combinación de los tres?

1. Tipo *intuitivo*: se relaciona con la realidad a través de su conciencia y de su capacidad para anticipar el futuro.
2. Tipo *sensible*: la persona se centra en el presente y se involucra en lo que pasa a su alrededor y dentro de ella.
3. Tipo *emocional*: se relaciona con el pasado. Interesadas en cómo solían ser las cosas, son personas que llevan consigo una conciencia histórica y un sentido de la tradición.
4. Tipo *racional*: va del pasado al presente y al futuro trazando una línea lógica. Es el tipo más recompensado en nuestra cultura.

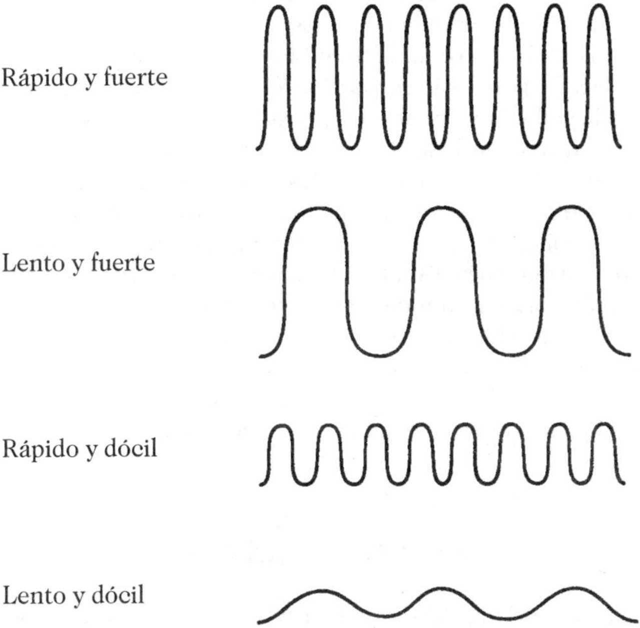


*Los cuatro temperamentos en forma de ondas*

## ■ EL NIÑO AQUILES ■

### □ GRANDES EXPECTATIVAS □

Algunas veces, estudiar una historia mitológica nos puede ayudar a entender los componentes clave del desarrollo de un determinado problema. La historia de Aquiles es larga y compleja, pero quiero resaltar tres rasgos que me parecen relevantes para entender los orígenes y la terapia de este síndrome: las elevadas expectativas, el éxito temprano y una preparación para fingir. Como ya vimos en el primer capitulo, Tetis, la madre de Aquiles, era muy ambiciosa con respecto a él y lo sumergió en el Éstige —el río de la muerte— para hacerlo inmortal. Tetis anhelaba que su hijo alcanzase ese estado, pero no lo consiguió, por lo que, al parecer, transfirió la ambición a su hijo, con consecuencias peligrosas.

De hecho, hay historias que cuentan que antes ya habían muerto seis hermanos de Aquiles como consecuencia de las ambiciosas acciones de su madre para hacerlos inmortales. Y si Aquiles sobrevive es únicamente porque su padre lo arrebata del fuego. Con frecuencia me he encontrado, en el contexto clínico, con que las personas que padecen seudocompetencia han sufrido presiones de sus padres (a menudo de una madre ambiciosa que no llegó a realizarse) para lograr grandes objetivos (y enorgullecer a la madre), y que el precio que han pagado por ello es el de su bienestar.

## □ ÉXITO TEMPRANO □

Como recordarán, Tetis quería casarse con un dios y se sentía «rebajada» en el mundo por ser la esposa del mortal Peleo. Cuando abandonó a su esposo, Peleo llevó a Aquiles, como discípulo, al «centauro civilizado» Quirón, quien le dio a comer alimentos especiales, tales como médula de oso para darle coraje y médula de cervato para que adquiriese rapidez. La historia recuerda la del joven moderno que toma vitaminas y que va de una clase de danza a otra de arte, a clases de piano, a reuniones de *boy-scouts* y al club de tenis. Dice la historia que Aquiles aprendió a correr, cazar, tocar la flauta, sanar a los enfermos y cantar en banquetes. Tenía un talento enorme. ¡A los seis años ya había matado su primer jabalí! Atrajo la admiración de los dioses por su velocidad, su agilidad y su coraje para la caza.

De igual manera, muchos Aquiles modernos conocen el éxito a edad temprana, y a menudo estos éxitos resultan tan impresionantes que padres y maestros se ciegan y no perciben las necesidades emocionales y de desarrollo de estos jóvenes. Para éstos, en cambio, el éxito prematuro se convierte en una carga emocional: tienen la sensación de que no podrán alcanzar el éxito otra vez, porque no entienden de manera estructurada e integrada cómo lo lograron tan rápidamente ni por qué los mayores aplauden sus logros en vez de ayudarlos a afrontar el éxito.

## □ PREPARACIÓN PARA FINGIR □

Se había predicho que Troya no sería conquistada sin la ayuda de Aquiles, quien moriría en la guerra. Por eso Tetis, otra vez con la buena intención de protegerle, lo vistió de niña y lo mandó a vivir al palacio de otro rey con un nombre falso. Cuando Odiseo, Néstor y Áyax —jefes militares griegos— fueron a buscar a Aquiles a palacio, no lo encontraron. Sin embargo, el astuto y sagaz Odiseo le tendió una trampa. Llevó regalos para las mujeres de la corte (joyas, cinturones, vestidos y mantos hermosos), pero incluyó un escudo y una lanza. La mascarada de Aquiles vestido de niña en la corte del rey continuó hasta que se oyó un toque de guerra. Odiseo había ordenado tocar la trompeta llamando a la batalla para engañar a Aquiles y hacer que se quitara el disfraz. La artimaña funcionó porque, al oír la llamada, Aquiles se quitó la ropa de niña y corrió a buscar el escudo y la lanza. Una vez descubierto, no tuvo ya otra opción que la de dirigir las tropas hacia su predestinada muerte en los sangrientos campos de batalla de Troya.

La niñez de los jóvenes Aquiles modernos está llena de historias similares que no por ser menos espectaculares son menos dolorosas. He oído hablar con frecuencia de niños (que con el tiempo padecen de seudocompetencia) a los que visten con ropa del sexo opuesto, o a los que se les pide que mientan por sus padres a los cobradores o a cualquier familiar, o a los que fuerzan a cualquier forma de subterfugio, incluido el de asistir a escuelas que bajo otras circunstancias no los aceptarían.

## □ SER Y HACER □

Los niños que reciben elogios más por lo que hacen que por lo que son, son particularmente propensos a padecer más adelante de seudocompetencia, tal vez porque sienten que no serán queridos o valorados si no superan las pruebas. Esto puede llegar a convertirse en una superstición:

> Yo tenía una falsa creencia sobre los exámenes: si decía que no iba a aprobar, entonces sí aprobaría. Y realmente me lo creía, estaba también convencido de que si le decía a mi madre que no había aprobado, aprobaría, y si aprobaba, sería una sorpresa. Por eso hacía lo mismo en cada examen: me había engañado a mí mismo, pero lo hacía porque realmente no sabía qué se esperaba de mí.

De hecho, la opinión de las personas seudocompetentes es muy imperfecta, por eso no saben si han hecho bien o mal un trabajo ni al terminar un examen saben decir si les ha ido bien o mal. En cambio, un niño competente termina un examen y puede valorar cómo le ha ido.

Sin embargo, los niños que reciben elogios más por lo que son, que por lo que hacen, tienen sus propios problemas de seudocompetencia. Las personas a las que se aprecia sólo por lo que son no aprenden a funcionar con condiciones, a recibir reconocimiento por lo que hacen, y cuando entran a formar parte de sistemas de educación o trabajo se sorprenden de que la gente las elogie sólo en función de lo que hagan. Ambos extremos padecen la tiranía del elogio:

> Ya de adulto, asistí a un curso intensivo de francés. A todos nos daba vergüenza y miedo decir mal una palabra. El crítico que todos llevamos dentro había aparecido demasiado pronto durante nuestro proceso de aprendizaje. En nuestra cultura, se asocia demasiado la vergüenza con el proceso de aprender.

Es fácil confundir los territorios del *ser* y el *hacer*. Valorar a una persona por lo que es («Me gustas por ser como eres») es muy distinto a valorarla por lo que hace («Me gustas por lo que haces, por tu manera de actuar»). Un minusválido, muy disgustado, habló recientemente sobre la tendencia actual a romantizar o idealizar la situación de los minusválidos, citándolos por sus hitos atléticos o por batir récords cuando, de hecho, la mayoría de los minusválidos no viven como esos atletas, sino que pasan todo el tiempo tratando de resolver los problemas de la vida cotidiana. Esta actitud entraña el peligro de llegar a la conclusión opuesta, es decir, a creer que la solución es no valorar a los minusválidos que baten récords. Es otra confusión entre los terrenos del ser y el hacer. Lo que la gente es no es lo mismo que lo que hace y todos los seres humanos necesitan que se los valore por ambas cosas. En nuestra sociedad es muy difícil separar estas dos cosas. Una mujer de la que hablamos en un ejemplo anterior que se sentía defraudada después de tener invitados a cenar, se percató justamente de ello: «Más tarde me di cuenta de que no recibía nada por ser quien era, sino que se me elogiaba por lo que hacía.» En nuestra cultura, estamos tan desesperados por recibir reconocimiento por lo que hacemos que «olvidamos» completamente o pasamos por alto el valor del otro lado, el valor del ser. A Aquiles se le valoraba por lo que podía *hacer* y no por lo que *sentía*.

Valorar a alguien por ser quien es significa concederle aceptación y valor incondicionales como persona. Si una persona no siente el valor de su propio ser básicamente afirmado o, en casos extremos, siente que por diversas razones no merece existir, su yo fundamental se encuentra amenazado y es incapaz de *actuar*. A los terapeutas se les enseña que no deben abordar en profundidad los problemas de seudocompetencia cuando el paciente está traumatizado, sufre mucho o está enfurecido, porque si alguien trata de ser competente cuando su yo está amenazado, se crea una situación peligrosa. Hace poco, una persona que participaba en un taller sobre el síndrome lo explicó de esta manera:

> Si yo voy actuando adecuadamente y los demás me dicen que todo va bien, pero yo tengo la sensación de que no es así, entonces pienso que recibo reconocimiento sólo por lo que

hago, doy o produzco. Nuestro condicionamiento cultural colectivo nos enseña que tenemos que *hacer* para poder *ser*, pero nosotros nos tenemos que dar permiso para existir, actuemos correctamente o no.

Querer perfeccionarse, o crecer y evolucionar, es un impulso vital natural. Pero no hay un sistema de valores que diga que un león es «mejor» que un árbol o que una jirafa es menos importante que una rata. Un antiguo filósofo griego usó el ejemplo de un cachorro ciego que quiere llegar a ser lo mejor que puede ser un cachorro ciego para ilustrar el afán de competencia y de dominio que apreciamos en los animales y los niños (a los que vemos presumir, antes de estropearse con esa trágica pérdida de confianza que es el paso del «¡Mira, mamá!», al «No lo puedo hacer, me da vergüenza»). A los perros domesticados para hacer trabajos les gusta enseñar lo que saben hacer. Y a menudo, a los animales del circo se les hace daño, tanto por la crueldad de los castigos como por la recompensa que reciben por hacer cosas que les agreden o que no son naturales en ellos. Esto es una perversión del impulso natural hacia el dominio de una actividad. La humanidad es la única especie que ha pervertido este impulso; sin embargo, el problema no es el impulso de querer alcanzar un nivel de excelencia ni lo que la gente quiere lograr, sino cómo se manipula ese impulso a través de sistemas de castigo y recompensa. En una cultura que valora y recompensa los logros, ¿es posible no minusvalorar los fracasos de las personas comunes y corrientes o de las mediocres?

Cuando hacemos frente a fuertes presiones colectivas, tenemos que reafirmar nuestra autoestima. Los exámenes sirven para poner a prueba lo que las personas *hacen*, no lo que son, y las personas influyentes de nuestra sociedad tienen la obligación de continuar enseñando que esto es así. Aunque cometamos errores, tenemos permiso para existir. Incluso los asesinos tienen derecho a ser tratados con respeto y a no ser víctimas de castigos crueles e inhumanos.

### *Sugerencias y ejercicios*

- ⋆ Haga un lista de las cosas que hacía incluso antes de saber cómo hacerlas.
- ⋆ Piense en algo que le haga sentir seudocompetente. ¿En qué etapa de su desarrollo debió haberlo aprendido y pudo haberlo hecho fácilmente?
- ⋆ ¿Qué tipo de persona es usted: intuitiva, sensible, racional o emocional?[3]
- ⋆ Separe *ser* y *hacer*:

  ¿Se le valora incondicionalmente por ser quien es?

  ¿Valora a otras personas sin condiciones por ser quienes son?

  ¿Se considera a sí mismo/a un miembro valioso de la sociedad? ¿Qué pasaría con alguien que tuviera un coeficiente de inteligencia de sesenta puntos y pesara ciento veinte kilos, se sentara frente al televisor a ver culebrones y concursos mientras se masturba, y comiera hamburguesas todo el tiempo? ¿Se podría dar valor a esa persona por existir, aunque no haga nada? Observe lo peligroso que puede ser el criterio que establece qué es valioso. ¿Ha tenido alguna dificultad con este ejercicio? ¿Con qué ha tenido problemas, con el ser o con el hacer? ¿Qué valora usted, el hacer o el ser humano?
- ⋆ Establezca la diferencia entre el aprecio o el reconocimiento que ha recibido por hacer y el que ha recibido por ser. Piense de quién lo recibió y por hacer qué.

# 4. *El aprendizaje de Aquiles*

## *El estudiante o el aprendiz seudocompetente*

> El anciano Peleo recomendaba a su hijo Aquiles que descollara siempre y sobresaliera entre los demás (p. 238).

En este capítulo se presenta el ciclo de aprendizaje y se demuestra cómo la seudocompetencia afecta a las personas mientras aprenden, se desarrollan, adquieren nuevas destrezas o las reaprenden. Para aprender una determinada actividad, siempre es necesario practicarla antes. A través del ciclo de aprendizaje nos damos cuenta de que experimentar con la seudocompetencia es parte del proceso y que sólo se convierte en un problema cuando adquiere un carácter crónico y limita las posibilidades de desarrollar nuestro potencial, o cuando destruye el placer que podríamos obtener de disfrutar y desarrollar un nivel de competencia. La seudocompetencia crece y permanece cuando se altera el ciclo natural o cuando se saltan etapas.

### ■ EL COMIENZO ■

Cuando un bebé nace es totalmente inconsciente de sus capacidades potenciales. Generalmente se le considera un ser incompetente que tiene algunos instintos y preferencias temperamentales, pero que carece de la capacidad para desarrollar tareas que requieran habilidad. Un niño pequeño no tiene conciencia de todas las tareas que aún no puede desempeñar, como por ejemplo, usar una cuchara, limpiarse a sí mismo/a o atarse los cordones de los zapatos. Y a medida que el niño observa que su hermano mayor o su madre se atan los cordones o que una tía le lee un cuento, se va dando cuenta poco a poco de las cosas que no puede hacer. Desde el punto de vista existencial y humanista, este deseo de saber —deseo de ser más competentes y de desarrollar un sentido de suficiencia y de autonomía— se considera como uno de los impulsos más fuertes de los seres humanos y, como hemos visto en el capítulo anterior, los estudios realizados hasta hoy aportan bastantes pruebas para apoyar esta intuición.

Las personas que se ocupan de un niño —generalmente su madre y/o su padre— tienen que ser muy sensibles a los sentimientos de incompetencia o insuficiencia del pequeño a medida que aprende nuevas destrezas y se hace competente en las muchas tareas de la vida. Los padres necesitan tener tiempo y paciencia para explicarle las cosas paso a paso, para que su aprendizaje sea sano y gratificante, porque si esto no ocurre el niño puede padecer una frustración permanente y adquirir malos hábitos a la hora de aprender. Además, se puede reforzar en él el sentido de incapacidad y puede quedar permanentemente afectado su sentido de competencia y de dominio de las cosas, que aún está en vías de desarrollo.

«Una vez tuve una buena profesora, pero en aquel momento yo estaba en la peor etapa de mi síndrome y sólo ahora me doy cuenta de lo buena que era. Yo pensaba: "Ha sido increíblemente paciente conmigo; ¿qué hago para satisfacerla?" Acabé dedicando toda mi energía a eso y obstruí mi aprendizaje.» Los niños y los estudiantes pueden volverse reacios a aprender, pueden inhibir su creatividad, su curiosidad y su imaginación naturales. Como muchos niños, Timothy nunca llegó a desarrollar sus habilidades manuales porque cada vez que empezaba a construir una maqueta o a estudiar el mecanismo de un reloj, su padre se lo arrebataba para terminar la tarea rápidamente y con impaciencia.

Uno de los temas centrales de este libro es el problema que surge cuando se interrumpe, se obstaculiza o se distorsiona la secuencia natural de aprendizaje: «Aprendí a conducir y me saqué el carnet, pero nunca salí a la autopista. Y nunca me enseñaron a poner el motor en marcha, porque el profesor siempre llegaba con el motor ya encendido.» Otra persona me contó lo siguiente: «Me caí de un caballo y me rompí el tobillo. Volver a montar me ponía nervioso, simplemente no podía. Así que volví a ir a clases y descubrí que nunca había aprendido a montar correctamente.»

Así, ya sea como resultado de miedos personales, de errores de los padres, de fallos en la educación recibida o de amenazas sociales (por sutiles que sean), muchas personas ven frustrado o inhibido su ciclo natural de aprendizaje, que les habría permitido sentirse competentes y tener confianza en sus conocimientos, su habilidad o su pericia.

Cuando una persona no pasa por las diferentes etapas del aprendizaje, sino que se le permite saltar una o más etapas, se están sembrando las semillas de la seudocompetencia. Esa persona acaba teniendo la sensación de que estaba «haciendo ver que» sabía. Y, como ya dije en el capítulo 3, aunque tal vez reciba la recompensa, por ejemplo, de la promoción, esa persona está psicológicamente castigada por las dudas internas.

Cualquier plan individualizado de preparación debe diseñarse de acuerdo con el temperamento, las necesidades de aprendizaje y la forma de pensar del estudiante. Y además, debe corregir o subsanar cualquier déficit o trauma particular derivado de la educación, que haya padecido con anterioridad. Algunos síntomas del síndrome de seudocompetencia al que nos referimos son: una paralizante ansiedad o «miedo escénico» antes de dirigir una sesión de preparación o de supervisión; una prolongada falta de confianza en uno mismo/a; agotamiento o tensión después de una sesión de preparación o supervisión que aparentemente ha tenido éxito; la persistente creencia de que «Ese éxito fue sólo un golpe de suerte» o de que «Todavía estoy convencido/a de que soy un/a farsante y de que mis compañeros de trabajo o el tribunal que me examina se darán cuenta de que realmente no sé qué estoy haciendo».

Muchos instructores o supervisores principiantes han padecido traumas académicos y posiblemente necesitan seguir una terapia que les ayude a superar el daño causado por las enseñanzas o supervisión anteriores. Preparar a personas con este tipo de historial requiere mucha paciencia y sensibilidad. Es necesario volver a despertar y estimular en ellas la curiosidad y la creatividad naturales, ya que estos recursos, del mismo modo que el ciclo de aprendizaje, pueden quedar fácilmente dañados o inhibidos por descuido o por abuso. Ayudar a los instructores y supervisores para que vuelvan a entrar en su ciclo natural de aprendizaje es siempre una forma de fortalecer la confianza en sí mismos/as, la autoestima y el coraje para seguir adelante con autonomía.

## ■ EL CICLO DE APRENDIZAJE ■

Muchas personas ignoran o han olvidado que, en un organismo saludable, aprender es un proceso que nunca termina y que aprender cualquier nueva técnica, cambiar el comportamiento, o adquirir nuevos conocimientos conlleva pasar por unas etapas previsibles. En un proceso natural de aprendizaje se han identificado cuatro etapas: la persona pasa de *no tener conciencia de lo que no sabe* (incompetencia inconsciente) *a darse cuenta de qué es lo que no sabe o no puede hacer bien* (incompetencia consciente), a *tener conciencia de lo que sabe y de cómo ser competente en esa materia* (competencia consciente). A esta etapa le sigue una en la cual la persona está tan acostumbrada a *usar su habilidad o conocimiento de una forma tan habitual* que lo hace casi sin pensar (competencia inconsciente). Más adelante adaptaré y desarrollaré estas cuatro etapas.

Una manera más fácil de recordar estas categorías puede ser la siguiente:

1. El tonto: «La ignorancia es una bendición.»
2. El aprendiz: «Estoy aquí para aprender.»
3. El maestro: «Sé lo que sé.»
4. El mecánico: «Ya he olvidado cómo lo aprendí.»

La elección del maestro como tercer símbolo en lugar del cuarto es deliberada. Estamos acostumbrados a pensar en el maestro como en alguien «superior» al mecánico, pero es probable que el maestro que ha llegado al nivel más alto empiece a actuar de forma automática, que haya ido descendiendo en espiral desde la competencia inconsciente al estadio donde se actúa mecánicamente, sin saber ya por qué hace lo que hace, incapaz de enseñar a otros, ajeno a las razones o el origen de sus actos, ignorante de sus errores u omisiones, que haya caído, por lo tanto, en la incompetencia inconsciente.

Un buen ejemplo del ciclo de aprendizaje es el de aprender a conducir un coche. La primera vez que uno intenta mantener un coche en la carretera sentado al volante puede parecer relativamente fácil. Todo el mundo ha visto a niños que fingen conducir como si fuera lo más fácil del mundo (están en la etapa de incompetencia inconsciente). Y cuando, al principio, uno no conoce los secretos del acelerador y el control del embrague, los cambios de marcha y las maniobras con el pedal del freno, conducir puede parecer fácil. Sin embargo, a medida que avanzan las clases de conducir, uno se va dando cuenta de la dificultad que entraña coordinar las diferentes partes y movimientos (incompetencia consciente) hasta atar todos los cabos de esta tarea y poder llevar el vehículo sin problemas de A a B. En el momento de examinarse, la mayoría de los conductores todavía son muy conscientes de los pasos a seguir: por ejemplo, mirar por el retrovisor, pisar el embrague para cambiar de marcha y así sucesivamente (competencia consciente). Con los años, conducir se convierte en una competencia inconsciente: dejamos de saber cómo coordinamos las diferentes acciones y, tal vez por la fuerza de la costumbre, se nos hace difícil enseñar a otra persona cómo se hace. Tenemos la secuencia de acciones implantada en los patrones de hábito de los pies, las manos y el cerebro, y la repetimos inconscientemente. Éste es el esquema de lo que sería un ciclo de aprendizaje natural y saludable cada vez que adquirimos nuevos conocimientos o nuevas destrezas. Sin embargo, cuando adquirimos mucha práctica en una actividad se puede tornar de nuevo mecánica y posiblemente peligrosa, porque dejamos de dedicar atención a cosas como, por ejemplo, mirar por el retrovisor. El siguiente ejemplo es de Muriel James.

> He llegado a la conclusión de que soy *conscientemente incompetente* para algunas cosas, como por ejemplo para corregir, ya que tengo una ortografía pésima y muchas veces tengo que consultar el *Chicago Manual of Style* (El Manual de Estilo de Chicago), porque nunca he hecho un curso de expresión escrita. Soy *conscientemente competente* en otras cosas, ya que se han publicado diecisiete libros míos. También imparto, una vez al año, un taller de tres días para personas que quieren publicar textos de ensayo y un alto porcentaje de los participantes han conseguido sus objetivos después de asistir.
>
> En lo que se refiere a los otros dos extremos, no sabría qué decir. Si están en mi inconsciente, no puedo acceder al conocimiento que tengo de ellos. Pero pensar en todo esto es interesante, además de divertido.

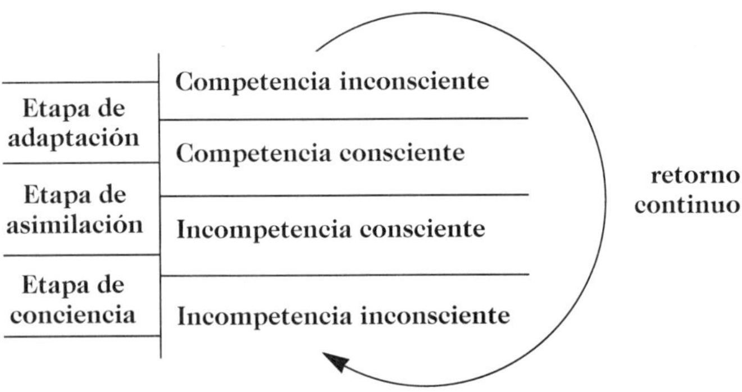


*El ciclo de aprendizaje*

## ■ FORMAS DE CREAR ESTRUCTURAS DE APRENDIZAJE NUEVAS O DIFERENTES ■

Las personas aprenden mejor cuando hay un ambiente de confianza en el que su curiosidad es bien recibida, en el que su deseo de competencia o dominio de una actividad es estimulado o educado (el significado original de «educar» es «llevar a primer plano») y en el que saben con certeza que no se confundirá su valor como seres humanos con sus actos. No hay carencias en el ser, sino sólo en el aprendizaje. Y cuando esta convicción forma parte del planteamiento de la preparación o la supervisión, las personas se sienten libres para entablar un diálogo abierto o una comunicación sincera con sus tutores.

Es importante que los instructores y supervisores hayan superado este síndrome, para que de esta forma puedan ir desarrollando un mecanismo que les permita reconocer sus errores, ignorancias y deficiencias, demostrar entusiasmo y energía ante la experimentación y aprender recibiendo críticas de sí mismos, de los colegas y de sus estudiantes. La confianza es esencial en el impulso natural por aprender, evolucionar y vivir períodos de construcción y también de «deconstrucción». Son muchas las personas a las que no les gusta la crítica constructiva y que, por ello, necesitan experiencias satisfactorias de aprendizaje para poder aceptarla. De modo que debe averiguar qué significado da la gente a sus elogios y comprobar cómo los utilizan en circunstancias poco importantes antes de convertirlos en moneda común de su relación con alumnos y colegas. Para un instructor o supervisor es fácil caer en la trampa, con las mejores intenciones, de alentar a los estudiantes brillantes y a quienes demuestran entusiasmo con elogios que los alumnos pueden entender como una manipulación, como un acto coercitivo o incluso despótico, según sus experiencias previas con profesores que no hacían caso de la persona y sobrevaloraban los actos. Recuerde que la velocidad a la que aprende cada persona varía y que es importante dedicar tiempo a saber qué ocurre, a detenerse y centrarse en el ser, antes de retomar el ciclo de aprendizaje.

Es importante trabajar con colegas y estudiantes para aclarar cuáles son los criterios de competencia en los diferentes niveles, para diferentes personas y en diferentes momentos. De este modo, las personas tendrán una idea precisa de qué es lo que necesitan aprender, qué errores deben corregir o cómo deben consolidar una base de competencia, si no de dominio. Además, resulta siempre útil que la tarea esté explicada con claridad y que, cada vez que el ser y el hacer se superpongan, se investiguen y discutan de forma habitual, para hacer que esta tarea se desarrolle de forma segura y funcional.

Si observa que un aprendiz se autoevalúa de forma exagerada, tanto positiva como negativamente, que esquiva las situaciones en las que puede verse sometido a un análisis o que va postergando la entrega de un trabajo o un examen, esa persona le está dando a entender que necesita ayuda y que le cuesta obtenerla, ya sea por parte de usted o del instructor. Otra señal es que un aprendiz tenga problemas para señalar que algo relacionado con su trabajo o con el trabajo de otros, está «lo bastante bien».

## ■ LAS ETAPAS DEL CICLO NATURAL DE APRENDIZAJE ■

Podemos pensar también que el ciclo natural de aprendizaje tiene tres etapas además de los cuatro estadios que hemos discutido: *concienciación*, *adaptación* y *asimilación*. Estas etapas no están precisamente separadas la una de la otra sino que se superponen y deben entenderse principalmente como regiones generales por las que discurre la evolución del estudiante, desde su comienzo hasta las etapas más avanzadas de instrucción y desarrollo. Estas regiones son como una especie de guía que nos permite controlar qué necesita el estudiante en cada fase del viaje. Por lo demás, creo que el aprendizaje no termina nunca; para mí es un proceso cíclico que dura toda la vida.

## □ CONCIENCIAR: DE LA INCOMPETENCIA INCONSCIENTE A LA INCOMPETENCIA CONSCIENTE □

La etapa de incompetencia inconsciente es aquella en que la persona quizás no es consciente de lo que no sabe. Por eso, a veces nos da la impresión de que los principiantes tienen mucha suerte y mucha confianza en sí mismos. Concienciar significa dotar a la persona del conocimiento necesario para identificar lo que necesita aprender. Esta etapa implica hacer una evaluación de las necesidades de aprendizaje y acotar las deficiencias, confusiones o errores en lo que a destrezas y conocimientos se refiere. Los términos usados para describir este cambio subrayan la evolución de la inconsciencia a la conciencia que la persona debe hacer en aquellas áreas que desea dominar.

Si una persona trata de eludir la parte de inconsciencia de su ciclo de aprendizaje, es imposible que llegue a ser realmente competente y la incompetencia acaba por descubrirse. Un amigo me dijo: «Cuando intento pintar, no logro pasar del principio; no puedo continuar, soy demasiado impaciente para pasar por esta etapa necesaria de equivocaciones iniciales y caóticas, incluso sabiendo que si lo hiciera podría, con el tiempo, hacer buenas pinturas.»

## □ ADAPTACIÓN: DE LA INCOMPETENCIA CONSCIENTE A LA COMPETENCIA CONSCIENTE □

Siempre es necesario simular o ensayar lo que se quiere hacer antes de poder hacerlo de verdad. Un bebé finge que camina mucho antes de poder hacerlo y esta fase de experimentación es parte de su proceso de aprendizaje. En este sentido, todos somos seudocompetentes puesto que se trata de una etapa natural y necesaria para aprender algo nuevo. El *problema* de seudocompetencia sólo surge cuando la ficción pasa a ser crónica y limita las posibilidades de la persona de desarrollar su potencial o destruye el placer que pueda encontrar en el disfrute y el desarrollo de su habilidad.

La fase siguiente es la de la incompetencia consciente; en ella la persona se da cuenta, por doloroso que sea el descubrimiento, de los errores que comete y de lo mucho que le falta por saber. Durante este proceso de adaptación, la persona se acostumbra al nuevo material, que en esta etapa todavía percibe como algo tan ajeno como cualquier alimento que le cueste digerir. Puede aceptar ideas nuevas e intentar aplicarlas de manera afectada o estilizada, sin tomar en consideración la relevancia de esas ideas para una situación particular. El proceso puede parecer a veces desigual y arrítmico mientras la persona estudia la manera de adaptarse al nuevo material sin elaborar, a los nuevos métodos o a unas estructuras mejoradas. Es, en suma, una etapa necesaria e inevitable del aprendizaje si la persona quiere realmente llegar a ser diestra y competente en algún campo en particular. Dicho en palabras simples: si no hace prácticas en ese momento, no podrá hacerlas en el futuro.

## □ ASIMILACIÓN: DE LA COMPETENCIA CONSCIENTE A LA COMPETENCIA INCONSCIENTE □

En la etapa de asimilación, la persona absorbe el nuevo conocimiento o la nueva capacidad hasta incorporarlos y convertirlos en parte de ella misma, hasta integrarlos y sentirlos como algo natural y espontáneo, como una vieja costumbre cuyo origen ha olvidado. Éste es nuestro «metabolismo mental».[2] Y si antes de esta etapa la persona aún se sentía algo «cohibida» a la hora de utilizar las habilidades o conocimientos recién adquiridos o redescubiertos, ahora han pasado a ser parte integral de ella misma. Durante esta etapa el reto principal es mantener la flexibilidad y la variedad, para evitar que el «maestro» se pueda tornar «mecánico», automático o afectado. «Cuando estaba aprendiendo a conducir me di cuenta de que en realidad las cosas se aprenden con la práctica. Después de aprobar el examen, el instructor me dijo: "Ahora aprenderás a conducir de verdad."»

## □ DE LA COMPETENCIA INCONSCIENTE A LA INCOMPETENCIA INCONSCIENTE □

La espiral del aprendizaje comienza otra vez cuando la competencia inconsciente se convierte en incompetencia inconsciente.

> La mayoría de los trabajadores terminan siendo inconscientemente competentes en sus puestos y por eso mismo corren el riesgo de retroceder a un estado de incompetencia inconsciente, una especie de senilidad laboral causada por el exceso de complacencia por parte del trabajador. Este estado, por supuesto, es más habitual en el caso del trabajador que no desea seguir estando al día en su oficio o campo y que no cree necesario ampliar sus estudios cuando ya ha aprendido su oficio. Esta actitud lo hace vulnerable a la «incompetencia inconsciente» y puede hacerlo retroceder fácilmente hasta el punto de convertirlo, a todos los efectos, en un incompetente inconsciente.
>
> La posibilidad de que un empleado inconscientemente competente gravite hacia la incompetencia inconsciente acentúa la necesidad de programas para continuar preparando, o para *volver a preparar*, al trabajador. Como en el deporte profesional, esto significa que el jugador se vuelve a entrenar en las cosas básicas del juego hasta volver a ser *conscientemente* competente.
>
> *Y sólo aquel que es conscientemente competente puede preparar al que es conscientemente incompetente o puede hacer que quien es inconscientemente incompetente se dé cuenta de su retroceso.*[3]

La seudocompetencia es una amenaza grave que puede causar o precipitar la crisis de la madurez. Cuando una persona llega a la mediana edad, la discrepancia entre el reconocimiento mundano que recibe y su experiencia interna puede afectarle duramente. La madurez es el momento clave para poner a prueba y asaltar el muro levantado en torno al verdadero yo. Durante este período las personas pueden reaccionar escondiendo muchas más cosas (y acabar pagándolo muy caro) o reaccionar con energía y echar por la borda todo lo que han hecho y lo que han sido hasta entonces. En este último caso, a menudo dicen: «Ahora me siento más realmente yo.» Sin embargo, quizás tampoco sea la forma más madura de actuar, porque la persona pasa de un extremo a otro, se salta la etapa intermedia para volver al principio del desarrollo y para empezar a aprender de cero cosas nuevas, porque hacer eso le asusta menos. Puede que haya buenos conductores que no volverían a aprobar el examen de conducir. Ser inconscientemente incompetente significa ser capaz de incorporar errores sin darse cuenta, por lo que debemos ser conscientes de las áreas de incompetencia que se han enquistado en nuestra competencia.

## ■ EL CICLO DE APRENDIZAJE VUELVE A EMPEZAR ■

De todo lo que hemos dicho hasta ahora, debe quedar claro que el ciclo de aprendizaje no termina nunca. Para crecer y desarrollarse como persona es necesario empezar constantemente cosas nuevas, porque quedarse en lo que uno ya sabe es demasiado cómodo e inmovilista. Resulta casi imposible hablar de un producto final o lograr el estado de inmovilidad en cualquier disciplina que continúe desarrollándose y que permanentemente exija a quienes la practican flexibilidad y ganas de seguir evolucionando. Una vez finalizado un ciclo, comienza otro, algo que a mi modo de ver resulta natural. No se trata de una búsqueda compulsiva o motivada externamente por alcanzar la perfección mística, sino de un impulso natural del organismo por crecer y desarrollarse, por ser más diestro, más comprensivo y más sensible. Reconocer este impulso evolutivo en uno mismo permite a las personas competentes y destacadas seguir creciendo y cambiando. Son muchos los que tienen focos de seudocompetencia en sus vidas y todos pasamos por etapas de este síndrome cuando empezamos un nuevo proceso de aprendizaje.

El diagrama de la página 86 demuestra cómo el ciclo natural del aprendizaje y sus varias etapas reflejan la naturaleza cíclica de la experiencia. Todas las experiencias se desarrollan en diferentes estadios: desde los ciclos microscópicos (como las funciones biológicas de calentamiento o enfriamiento) a los macroscópicos (como las secuencias de desarrollo en los adultos, que pueden durar una vida). Y tanto los ciclos grandes como los pequeños pueden conducirse de forma creativa y satisfactoria siempre que se permita que los procesos naturales evolucionen hacia su conclusión orgánica.

Son muchas las personas que se han dado cuenta de lo útil que es el ciclo de aprendizaje, especialmente la parte de aprender y desaprender, para poder seguir avanzando hacia un conocimiento diferente y profundo de las cosas. Saber que este proceso interno de reciclaje existe es motivo de alivio, incluso para la persona que, al descubrir su existencia, dijo, algo desesperada: «¿Quiere esto decir que siempre voy a estar aprendiendo así? ¡Yo que ya creía que al volver a trabajar se habría acabado!»

Los instructores aventajados han aprendido a reconocer su propia autoridad y su valía y, por lo tanto, convierten en modelo para sus estudiantes esta actitud de excelencia y de aprecio del propio valor. También aceptan la responsabilidad de preparar y educar a instructores con menos experiencia a través de un sistema de aprendices principiantes, gracias al cual las personas más jóvenes tienen ocasión de observar, mientras enseñan, a los instructores con más experiencia, mientras que éstos pueden recibir críticas valiosas sobre aquello que mejor saben hacer, para luego poder transmitirlo a los demás. Este sistema también evita que los instructores ya experimentados se estanquen en la *competencia inconsciente*, por la que su trabajo puede acabar volviéndose mecánico y pueden perder la capacidad de reconocer y transmitir sus conocimientos. A menudo, un aprendiz ofrece críticas mucho más fiables que las que puede dar cualquier miembro del colectivo, porque el aprendiz observa el proceso desde la perspectiva del instructor y desde la del estudiante al mismo tiempo. Digamos que el estudiante es capaz de «ver el entramado del asunto» y, por lo tanto, de apreciar en su totalidad el cuidado y la delicadeza que se han dedicado en vistas al producto final.

## ■ SEUDOCOMPETENCIA, MENTIRAS Y DISCULPAS ■

Aunque la seudocompetencia no significa mentir deliberadamente, la culpa y la vergüenza surgen de la sensación que la persona tiene de ser, de alguna manera, un/a mentiroso/a. Es algo muy distinto a la mentira patológica que se produce cuando alguien está constantemente inventando historias, porque mientras en este último caso la persona es intencionadamente falsa, en el primero está atrapada en una red de expectativas irreales y anhelos naturales, que se hace más tupida por el hecho de que los maestros encubren esas falsedades. En cierto modo, si la persona seudocompetente fuera capaz de engañarse a sí misma un poco y de creerse la opinión de las demás, sería mucho más feliz.

La disculpa patológica de la persona seudocompetente consiste en adelantarse a que alguien la descubra, como si Aquiles mostrara el talón y dijera: «Éste es el punto débil.» Un ejemplo es el de la madre que sirve una buena cena a su familia, pero pide disculpas y se excusa porque no está tan bien cocinada como ella esperaba y porque además le falta algún ingrediente. Es muy distinto a mentir, porque la intención de la mentira es engañar a los demás, mientras que la seudocompetencia se asemeja más a una trampa. La persona intenta salir, pero los demás tampoco se lo permiten; para salir tendrá que poner en marcha de nuevo el ciclo del aprendizaje y se desesperará pensando, cada vez con más fuerza, que nadie la creerá.

### *Sugerencias y ejercicios*

- ★ Ciclos: todo lo natural funciona en ciclos. Anote las cosas importantes que repite *a*) para que la vida sea viable y *b*) para que valga la pena vivir. Esto le evitará estancarse.
- ★ Enséñele a alguien cómo hacer algo. Observe cómo lo hace usted. Pídale a la otra persona que le dé su opinión.
- ★ Pídale a alguien que le enseñe a hacer algo. Todo el mundo tiene algo que enseñar. ¿Cómo funciona el diálogo entre usted y el maestro?
- ★ Haga una lista de las cosas que puede hacer para sentirse inteligente o valiente antes de hacer algo que le resulta difícil.
- ★ «No enseñe a personas que se sienten estúpidas. Primero haga que se sientan inteligentes y después enséñeles.» En otras palabras, no haga que se sientan inferiores haciéndoles saber lo mucho que sabe. Haga una lista de las áreas cómodas para usted, aquellas en las que se siente inteligente mientras enseña para, de esta manera, estimular el deseo de aprender en los demás.
- ★ Identifique las destrezas más importantes que haya aprendido en su vida y luego identifique las condiciones óptimas que necesita para aprender. Por ejemplo, ¿necesita reconocimiento frecuente o que le critiquen a menudo? ¿Le gusta que el maestro le demuestre mucho interés o prefiere sentirlo alejado? ¿Quiere que le den muchas pequeñas recompensas a menudo o prefiere una recompensa importante al final? ¿Aprende mejor con la experiencia (la práctica), leyendo, escuchando o mirando? ¿Necesita descansar a menudo o prefiere concentrarse durante un período intenso? ¿Le gustan los ensayos y los ejercicios o tiene la sensación que puede entenderlo todo mentalmente?

- ★ Identifique los mensajes que recibió cuando era niño y que ahora le afectan de alguna manera. ¿A quién pertenecen las voces que oye? ¿Dicen lo mismo que la suya? Si no es así, ¿con qué mensajes de reconocimiento preferiría vivir? La siguiente tabla[4] que incluimos a continuación puede resultarle útil.

| *Mensaje impulsor* | *Permisos autoconcedidos* |
|---|---|
| Sé perfecto | Es lícito ser uno mismo |
| Date prisa | Es lícito tomarse el tiempo necesario |
| Esfuérzate | Es bueno esforzarse |
| Compláceme | Es lícito pensar en uno mismo y respetarse a uno mismo |
| Sé fuerte | Es bueno ser flexible y cuidarse a uno mismo |

- ★ I) Identifique un trauma educacional, como por ejemplo cualquier momento, ocasión o persona que perjudicó, descuidó o interfirió su proceso natural de aprendizaje.
  II) Identifique el resentimiento que aún pueda tener por este trauma, así como la vergüenza o la culpa, y cualquier excusa que sean consecuencia del trauma.
- ★ Haga una lista de las cosas básicas que necesita saber para ser competente en su área, por ejemplo: cómo «no saber» (es decir, cómo comportarse cuando no sabe algo), cómo deben tomarle, cómo no pedir disculpas por no saber una cosa, cómo autoayudarse. ¿Cómo sabe si algo va mal?
- ★ Piense en algo en lo que usted sea competente, algo que sea capaz de repetir muchas veces sin tensiones innecesarias y que tanto usted como otros consideran que hace de manera eficaz o excelente. Ahora piense en el proceso por el que llegó a aprender eso y sea lo más preciso que pueda a la hora de recordar las condiciones en las

posición de fuerza. Muestre a los demás el poder que le da saber qué es lo mejor para usted y muestre claramente que no tenían ningún derecho a hacerle lo que le hicieron y que no volverá a ocurrir. Si es necesario, cuestione a quienes le juzgan, ponga en duda su capacidad para dictar normas en este campo y anule su poder.

## ■ 12. PLANIFIQUE SU CURACIÓN ■

Un plan clínico para tratar el síndrome de Aquiles se puede estructurar en cuatro etapas:

1. Evitar el peligro.
2. Aclarar la confusión.
3. Resolver el conflicto y tomar nuevas decisiones.
4. Compensar las carencias.

Estas cuatro etapas significan, más o menos, lo siguiente: 1) aprender a protegerse; 2) percibir qué es lo que le causa confusión; 3) aclarar cuál es realmente el conflicto, y 4) decidir qué necesita cambiar o qué le hace falta adquirir, ya sea porque nunca lo tuvo o porque sus experiencias anteriores no fueron suficientemente satisfactorias.

### □ EVITAR EL PELIGRO □

Si está tratando el síndrome usted solo debe estar atento a si el niño que lleva dentro le advierte contra algún peligro que le impida superar la seudocompetencia. ¿Alberga usted en su interior algún padre brujo, capaz de vengarse ferozmente de usted porque no soporta que le supere en excelencia y competencia? Por raro que pueda parecer, aunque los padres generalmente desean que sus hijos tengan éxito en su vida personal y en su trabajo y quieren estar orgullosos de ellos, hay también una parte que a veces envidia a los hijos porque tienen las oportunidades, la atención y los recursos que ellos nunca tuvieron. Aunque es posible que los padres hayan concienciado este sentimiento, también lo es que puedan proyectarlo implícitamente en los mensajes que dan a sus hijos acerca del triunfo y la felicidad en sus vidas.

A menudo el éxito o la conquista, el amor o la fama, acarrean consigo un mensaje maléfico. Por ejemplo, cuanto más éxito obtenía Emma, más deseos tenía de suicidarse. Su familia y sus amigos no lograban entender qué le pasaba, pero en las sesiones con su psicoterapeuta volvió a experimentar la terrible desilusión que sentía su madre y la envidia que le tenía por ser una niña querida y dotada, que gozaba de las oportunidades y el apoyo que ella nunca tuvo. Como resultado de esta envidia y de los celos inconscientes de su madre, Emma había interiorizado la orden de autodestruirse si llegaba a tener éxito en la vida. De tal manera que, para ser realmente capaz de prosperar sin sentirse acosada por la rabia destructiva de su madre interior, tuvo que aprender a deshacerse de ella y a crear un entorno seguro.

## □ ACLARAR LA CONFUSIÓN □

Lo primero que tiene que hacer es identificar y aclarar cualquier confusión, para luego atacar el problema de forma clara y útil. Este proceso exige, por ejemplo, informarse sobre la seudocompetencia o sobre qué es y cómo funciona el ciclo de aprendizaje si no tiene una idea clara sobre ambas cosas. Otro término que se utiliza para referirse a esta fase es el de *descontaminar*, es decir, librarnos de creencias, actitudes o voces que actúan en nosotros como un padre interno y que contaminan y entorpecen nuestro avance con informaciones erróneas. Si logramos hacer esto, podremos desempeñar con más eficacia nuestro papel de adulto, porque la descontaminación alivia las tensiones y libera más energía. Por ejemplo, cuando en un grupo hay una persona que es conscientemente competente y los demás se encuentran en diferentes etapas, identificar estas etapas y llamarlas por su nombre alivia la tensión y abre el camino que lleva a la siguiente, aparte de ser una muestra de paciencia hacia las personas que están aprendiendo y que necesitan que las vean aprender y errar como principiantes que son.

También resulta saludable, además de ser un gran alivio, reconocer la confusión propia, porque al hacerlo progresamos desde un estado de incompetencia inconsciente a un estado de incompetencia consciente y nos mostramos dispuestos a renunciar a la idea de ser perfectos.

## □ RESOLVER EL CONFLICTO □

El conflicto reside en la angustia de tomar una decisión: «¿Lo hago o no lo hago? ¿Tengo que ser ingeniero, igual que mi padre, o no?» El conflicto interno puede residir, por ejemplo, en la inseguridad que da no saber si estará bien visto que triunfe en la vida y tener el convencimiento de que, si lo hace, nunca le querrán. Yo tuve un paciente muy inteligente que había tenido mucho éxito en su vida y tenía un padre millonario. Cada vez que veía que el balance de su cuenta bancaria se acercaba al de la de su padre, se dedicaba a dilapidar el dinero en apuestas o se ponía enfermo, de tal modo que, bien por razones que eran de su total responsabilidad o bien por motivos accidentales, jamás llegaba a superar el límite que marcaba el éxito de su padre. En nuestras sesiones de terapia descubrimos el mensaje que se ocultaba detrás de este hecho: no le estaba permitido superar a su padre, a pesar de que su ambición le impulsaba a hacerlo.

Un conflicto se caracteriza por la tensión que surge entre dos deseos o temores contrapuestos, o entre deseos y mensajes contrarios que las personas han interiorizado en sí mismas, en sus actitudes y en su capacidad. Un conflicto típico entre las personas que padecen el síndrome de Aquiles es el que enfrenta su deseo de prosperar y ganarse el reconocimiento de los demás y de sentirse comprendidos y compensar aquellas partes importantes de su desarrollo que apenas vivieron.

## □ TOMAR NUEVAS DECISIONES □

Tomar nuevas decisiones significa cambiar aquellas que tomamos hace tiempo y que dieron forma al *guión* de lo que tenía que ser nuestra vida, para de esta forma dar un giro a nuestra forma de enfrentarnos al mundo. Las personas toman decisiones en solitario —es decir, sin la aprobación de un maestro o ignorando el desarrollo natural del ciclo de aprendizaje— para ocultar sus carencias o para aparentar una fortaleza y una inteligencia que no tienen. Son decisiones tomadas generalmente durante la niñez bajo la influencia de las restricciones y límites que imponen los padres, de amenazas severas —como el castigo físico— o de recompensas extraordinarias; por ejemplo, seguir siendo considerada la niña más inteligente de la clase aun si ello implica no admitir que no sabe dónde está el lavabo.

Es posible que estas experiencias se manifiesten como una sensación de estancamiento y no en forma de un conflicto interno activo. Cuando haya identificado la decisión que tomó antes, podrá adoptar otras nuevas en torno a los mismos temas, teniendo en cuenta que éstas dependerán ya totalmente de usted, de sus actitudes y su temperamento. Las personas deben tener libertad para decidir cuándo y cómo quieren progresar, para equivocarse, para cometer errores con los que seguir aprendiendo y creciendo, y para levantarse después de cada tropiezo. El proceso de volver a tomar decisiones ya adoptadas abarca todas las áreas de la vida. La curación del síndrome de Aquiles tal vez pase por tomar la decisión de no dejarse humillar más y para lograrlo quizás se tenga que vivir la fantasía de humillar a las personas que han abusado de usted. Por ejemplo, elabore un guión en el que usted haga el papel del padre o el maestro justo que protege al niño que lleva dentro y defiende su derecho a aprender y descubrir la vida a su propio ritmo, sin tener que sentirse culpable, estúpido o avergonzado. Si este procedimiento le sirve, desarrolle la fantasía usted mismo/a o busque a alguien que le ayude.

## ■ ORGANIZARSE PARA COMPENSAR LAS CARENCIAS ■

Esta etapa tiene dos partes: la primera consiste en identificar aquellas etapas de su desarrollo infantil en las que se produjo descuido, abuso o sobreprotección en las áreas que ahora desea cambiar; en la segunda, se trata de establecer las formas, las oportunidades y las relaciones que le permitan compensar, reparar, repetir o curar aquellas carencias, con un resultado que sea constructivo y beneficioso. Este proceso podemos denominarlo también «recuperación de los padres», porque lo que hacemos es suplir las enseñanzas que no recibimos en la niñez. Además, esta etapa nos brinda la información, el apoyo o las experiencias reparadoras que necesitamos para continuar nuestro actual desarrollo. Algunas sugerencias para esta etapa son: establecer una relación reparadora con un mentor, tutor o terapeuta; aceptar qué es lo que se puede cambiar y lo que no y perdonarse uno mismo el pasado. También resulta reparador, como demuestra este testimonio, adquirir conciencia de que «soy distinta de mi madre. Ser yo misma es algo muy distinto a ser una hija fiel».

### □ CURAR LA SEUDOCOMPETENCIA □

Es muy común que, cuando un asesor comienza su preparación, crea tener unas ciertas habilidades intuitivas que hacen de él un buen profesional. Aunque ello sea a menudo cierto, los jóvenes psicólogos basan este conocimiento intuitivo en la historia y la dinámica de sus familias, es decir, dan la impresión de ser buenos psicólogos o psicoterapeutas siempre y cuando traten a personas que no sean muy distintas a las de las familias donde se formó su intuición.

Esta *intuición precoz* entraña tres problemas: *a*) es la intuición de un niño pequeño y carece, por tanto, de información adulta; *b*) está basada en una muestra muy limitada de la raza humana y, por lo tanto, no se puede generalizar, además crea el peligro de clasificar las nuevas experiencias y las diferentes personas en moldes viejos y conocidos, y *c*) aunque las personas dotadas de esta intuición fueran muy hábiles a la hora de intuir qué motivaba a su madre, cómo complacer a su padre o evitar el mal humor de su abuelo, no fueron capaces de curarlos. Existe un enorme riesgo de que las personas sobrevivan a estas situaciones a base de limitar, restringir o incluso amputarse una parte de ellos mismos, de sus sentimientos y sus capacidades. De modo que estos niños tan dotados de amabilidad, talento e inteligencia rara vez consiguen curar a los miembros de su disfuncional familia o a ese padre abusivo o herido. Por fortuna, la preparación del asesor y el psicoterapeuta obliga a todos los estudiantes a pasar por un proceso de psicoterapia, lo cual permite, además de evaluar su talento y su precocidad, reforzar y actualizar su intuición con información, técnicas nuevas y la autoevaluación que cada uno realiza. El objetivo final es asegurar que tengan éxito y sean útiles en su labor como consejeros, administradores o padres.

### *Sugerencias y ejercicios*

- Aprenda a apreciar la parte de usted mismo que ha sido capaz, durante tanto tiempo, de ocultar un defecto. Admita que, al menos, es una parte que tiene energía, recursos y creatividad propios. ¿Qué otras cualidades positivas le encuentra?
- Haga una lista de personas a las que envidia y de personas hacia las cuales siente agradecimiento. ¿Hay alguien que aparezca en ambas listas? ¿Por qué?

- ★ La envidia: haga una lista de las razones por las cuales le asusta la envidia de los demás y analice cómo le afecta. ¿Cómo puede protegerse contra ella?
- ★ ¿A qué persona respeta por sus opiniones? ¿Es capaz de juzgar la competencia de estas personas para establecer sus propios criterios? ¿Cómo reconoce a una persona que lo juzga y que es incompetente? ¿Cómo evalúa la capacidad que la persona que lo está juzgando tiene para establecer los criterios en el área que a usted le concierne? Decida qué criterios le parecen válidos para aceptar y respetar las opiniones de estos jueces y para confiar en el juicio que hagan de usted.
- ★ Piense en todas las cosas y las personas ante quienes siente temor, y anote sus nombres. A continuación, imagínese que se enfrenta a cada una de ellas en la peor situación posible (y recuerde que sólo se trata de un ejercicio).
- ★ Ante la presión externa, mantenga la calma.
- ★ Imagine lo peor que le pueda ocurrir. ¿Qué podría hacer para ayudarse en un caso así? ¿Cómo reaccionaría si esto sucediera? ¿Qué formas no seudocompetentes de prevenir el desastre puede concebir? Piense en formas de reaccionar ante lo peor y en maneras de prevenirlo, y haga una lista de ambas. En adelante, cada vez que tenga miedo, recurra a esta lista.
- ★ Ahora piense en lo contrario del miedo, es decir, en la furia.[1] Adopte una expresión de furia, como si quisiera asustar a alguien, y mire los objetos que tiene a su alrededor. Sienta el poder que le da la furia.
- ★ Elija una área en la cual quiera ser competente y luego defina cómo, a quién y cuándo va a pedir ayuda para conseguirlo. Este ejercicio está relacionado con la capacidad de decidir si necesita más información y de identificar quién la tiene. También guarda relación con la admisión de su propia incompetencia, es decir, con el reconocimiento de que necesita ayuda y que otros están mejor preparados o más capacitados que usted.

- ★ Analice las cuestiones terapéuticas; aquellas que le hacen daño y contra las cuales necesita protegerse y aquellas que realmente desea y está motivado para cambiar. Busque un maestro o apúntese a un curso en el que puedan orientarle en el camino hacia lo que usted quiere alcanzar. Suponga, por ejemplo, que quiere mejorar su forma de moverse para hacerlo con más gracia. ¿A quién puede recurrir? Quizás un terapeuta que trabaje en este campo pueda ayudarle a cambiar su forma de caminar y a reforzar la conciencia de su cuerpo. No le preocupe ser crítico/a con sus posibles maestros, pero cuando haya elegido uno, sea consecuente con su opción, aunque no le guste su forma de hacer algunas cosas. ¿Se siente auténtico cuando está con el maestro?
- ★ Invéntese algunas experiencias que le permitan aprender y, al mismo tiempo, pasarlo bien.

# 12. *El síndrome de Aquiles en el mundo*

## *Curar la seudocompetencia: la clave para un siglo XXI más saludable*

> ... Ayante hizo una seña a Fénix; y Odiseo, al advertirlo, llenó de vino la copa y brindó a Aquileo: ... pero los placeres del delicioso banquete no nos halagan porque tememos, oh alumno de Zeus, que nos suceda una gran desgracia: dudamos si nos será dado salvar o perder las naves de muchos bancos, si tú no te revistes de valor (p. 192).

### ■ A LA DERIVA EN UN MAR DE CAMBIOS ■

Tanto los expertos en múltiples campos como las personas comunes se dan perfecta cuenta de que el mundo experimenta cambios más rápidos, complejos e imprevisibles que cualquiera que la memoria sea capaz de recordar. En este entorno, nuestra natural necesidad de seguridad, control, certeza y previsión se ve constantemente subvertida, mientras las instituciones quiebran, las innovaciones científicas inundan el mercado y las condiciones sociales y económicas fluctúan de manera imprevisible. Antes, se podía aspirar a ofrecer a los hijos la perspectiva de un trabajo para toda la vida, pero hoy es ya casi imposible. Personas que trabajan en el mundo de los negocios se encuentran con que sus objetivos se multiplican y con que se espera que rindan más al tiempo que los recursos disminuyen. Un gerente lo explicaba diciendo: «Nos estamos volviendo todos locos, porque todos esperan que hagamos lo que sabemos que es imposible.»

Estas condiciones ofrecen el caldo de cultivo perfecto para perpetuar la seudocompetencia de cara al próximo siglo. Vivimos en un mundo en el que los modelos políticos, religiosos, culturales y científicos que antes proporcionaban «una explicación para todo» han perdido su capacidad de inspiración, y ahora parece como si su utilidad hubiera sido solamente provisional. La misma naturaleza del cambio se ha trastornado y lo seguirá haciendo, ya sea siguiendo un desarrollo regular o a base de saltos súbitos y radicales. Asimismo, también la cantidad y la calidad de las transformaciones parecen estar cambiando y al mismo tiempo que el ritmo se acelera, el mundo vive un auge del fundamentalismo, como reacción natural de los seres humanos ante una incertidumbre que intentan compensar buscando la seguridad proveniente de una autoridad externa. El futuro que nos espera es turbulento, imprevisible y potencialmente peligroso, y ni siquiera sabemos si sabremos frenar a tiempo la destrucción ecológica de nuestro planeta para futuras generaciones.

## ■ NUEVAS PERSPECTIVAS ■

La llamada que Odiseo hizo a Aquiles para que llevara a cabo su trabajo de forma competente es la misma que cabe dirigir, en el peligroso presente que vivimos, a todos los seres humanos responsables y comprometidos. Las condiciones físicas del planeta han cambiado mucho, como prueba el agujero en la capa de ozono, y nuestras condiciones mentales también siguen cambiando sin tregua. Las viejas ideas de la física newtoniana, los conceptos de causa y efecto y la creencia en el aumento progresivo del conocimiento están siendo sometidos a revisión y la dinámica cuántica está socavando todo lo que considerábamos un hecho o una verdad en nuestro universo físico y en su funcionamiento.

Los profesionales que se dedican al estudio de la cultura

contemporánea observan que en muchos campos se ha abandonado la búsqueda de una verdad absoluta. Los periódicos y las revistas están repletos de historias cuyos autores se recrean en la destrucción de todos los héroes y heroínas que antes habían mitificado. El cinismo y la desilusión que tanto se han extendido entre los jóvenes se manifiestan en su desesperación ante el sufrimiento de quienes viven en la calle, en el aumento de la violencia contra niños y ancianos, en su preocupación por las drogas, por las películas que disfrazan la violencia de glamour, en sus desesperadas estrategias para sobrevivir, en una televisión que les consume tiempo y les ablanda las mentes, en el fenómeno de los *hooligans* en el fútbol y en el crimen. Y los grandes males de nuestro planeta como el hambre, las epidemias, la guerra, la crueldad y la ignorancia llenan cada día las pantallas de nuestros televisores.

## ■ LA EMPATÍA ORGÁNICA Y LA SEUDOCOMPETENCIA AMBIENTAL ■

Nuestra sociedad se comporta de manera seudocompetente hacia el medio ambiente. Hemos conseguido *dominar* la naturaleza de muchas formas y, sin embargo, al lanzarnos precipitadamente a explotar sus riquezas no hemos sabido administrarlas, porque se nos ha olvidado el detalle más importante: nuestra relación básica con el planeta. La situación creada amenaza con convertirse en un peligroso talón de Aquiles si no rectificamos nuestra ignorancia y no logramos identificarnos con el medio ambiente que nos sostiene.

Nuestro primer impulso natural es el de relacionarnos con otros organismos vivos, de manera que al alejarnos de esta identificación o complicidad con el resto del universo, nos volvemos insensibles al sufrimiento de los demás ya sean animales, seres humanos o el planeta mismo. Hay cosas que nos provocan horror, pero su presencia continua hace que nuestro umbral de tolerancia se eleve y que, por lo tanto, nos afecten menos. Cuando llegamos a perder la empatía con el resto de organismos vivos, nuestra relación con el medio ambiente se vuelve seudocompetente.

Parece ser que cuando se hiere una planta en presencia de otra, la planta que sobrevive se hace eco del dolor de su vecina herida y luego es capaz incluso de reconocer al agresor.[1] Entre los seres humanos, este fenómeno se conoce como empatía visceral, lo cual significa que sentimos el dolor ajeno en nuestro cuerpo y nuestra alma. Si no nos hemos vuelto insensibles, esta sensación visceral de dolor que tenemos cuando percibimos el dolor de otra persona es una reacción orgánica saludable. La mayoría de nosotros ha experimentado esta empatía visceral hacia los demás en sesiones de psicoterapia de grupo.

> La totalidad del mundo verde de las plantas está formada por cloroplastos. Si analizamos una molécula de clorofila veremos en ella ciento treinta y seis átomos de hidrógeno, carbono, oxígeno y nitrógeno organizados «en torno a un anillo central y en un orden complejo y perfecto». En el centro del anillo hay un solo átomo de magnesio. Lo asombroso es que la sangre humana es *idéntica* a la clorofila, con la *excepción* de que en el centro del anillo hay un solo átomo de hierro. Por tanto, nuestra fuerza roja es prima hermana de la fuerza verde que nos rodea. Estas historias que nos propone la ciencia actual resultan tan prodigiosas como místicas y científicas, y forman parte del proceso por el cual debemos aprender a vivir de nuevo *en el cosmos*.[2]

Algunos estudios científicos han demostrado que las células cooperan unas con otras de una manera natural, buscan el trabajo cooperativo. Si colocamos varias células vivas separadas unas de otras y latiendo a ritmos diferentes observaremos cómo, con el tiempo, sincronizan sus pulsaciones, un fenómeno que también se ha observado en las tiendas de relojes, donde éstos tienden a sincronizar sus tic-tacs. Incluso entre grupos de mujeres que viven juntas, los ciclos menstruales a menudo terminan por coincidir.[3] Con estos ejemplos pretendo poner de relieve que hay pruebas científicas que demuestran que toda la vida del planeta está interconectada. Obedeciendo a la naturaleza de los ciclos, el de la interconexión planetaria se ha cerrado varias veces, comenzando por la siguiente afirmación escrita trescientos años antes de Cristo:

> El mundo entero funciona unido. El todo es un único ser vivo con una alma... y ni una sola parte de él puede alegrarse o sufrir sin que el resto no se vea afectado. El hombre que no es capaz de ver que la bondad que hay dentro de todas las criaturas es la misma que hay en él, o que la herida que sufre cualquier criatura viviente es también la suya, es el hombre que deliberadamente se convierte en prófugo o en exiliado: o está ciego o es un necio.[4]

Actualmente, esta teoría es conocida también como la hipótesis de Gaia[5] y su idea central es que la Tierra es un solo organismo en el que todos los seres y condiciones se interrelacionan y responde a un impulso interno de creatividad llamado *Physis*.

## ■ EL ESPECTADOR Y LA COMUNIDAD SEUDOCOMPETENTE ■

Definimos al espectador como una persona que no participa activamente en una determinada situación donde otra puede necesitar ayuda. Es decir que, suponiendo que haya una persona o más que están en peligro, los espectadores podrían actuar de una forma u otra e influir en el resultado o en las consecuencias de esa situación, incluso aunque no puedan impedirla.[6]

En el turbulento mundo actual, no es ni ético ni práctico convencernos de que las cosas no nos conciernen o negar que podemos influir en las consecuencias. Tampoco basta con que tengamos ideales si luego no somos consecuentes con ellos. La indignación moralista está pasada de moda y hoy la principal diferencia reside entre hablar por hablar o asumir la responsabilidad de actuar.

Vivimos en una sociedad donde la seudocompetencia se ha

extendido por todas partes hasta llegar a manifestarse en el gobierno, la administración, la política, la sanidad y la economía mundial; es decir, a nivel nacional, internacional y público. Son muchas las personas que se quejan continuamente de que los que están en el poder u ocupan puestos de responsabilidad son incompetentes. Sea esta crítica cierta o no, no lo es menos que aquellos que critican tampoco hacen nada por mejorar la situación. A menudo utilizan como excusa, con más o menos honestidad, alguna versión de afirmaciones como: «esto es algo que no me incumbe»; «es más complicado de lo que parece»; «no dispongo de la información necesaria»; «no me quiero volver a quemar»; «prefiero mantenerme neutral»; «yo sólo estoy diciendo la verdad, las cosas como yo las veo»; «sólo cumplo órdenes»; «la verdad está en el término medio»; «mi contribución no cambiará nada»; «las víctimas son las que tienen la culpa» o «es mejor dejar las cosas como están». Las acciones responsables (ya sea escribir cartas apoyando a Amnistía Internacional, intervenir en defensa de un colega que ha sido tomado como cabeza de turco o mandar donaciones a Bosnia) se producen casi siempre en condiciones en las que, pese a no ser realmente competentes, sentimos que tenemos que hacer algo, por nuestro bien y el de los demás. A la hora de dar la cara e involucrarse de forma activa en las cosas, nuestra cultura y nuestro mundo se han vuelto seudocompetentes.

Involucrarse en algo siempre acarrea riesgos y consecuencias, pero éstos deben ser comparados con los riesgos y las consecuencias de *no* involucrarse, especialmente si lo que está en juego es nuestra integridad, el futuro de nuestros hijos y la supervivencia del planeta.

## ■ LA TEORÍA DEL CAOS ■

La teoría del caos y la complejidad es el otro gran fenómeno científico que abarca numerosas disciplinas y tiene importantes consecuencias para la teoría y la práctica de casi todos los campos de trabajo y estudio.

> Los primeros teóricos del Caos [...] tenían un buen ojo para detectar patrones, especialmente aquellos que se manifiestan en diferentes escalas al mismo tiempo. Disfrutaban con el azar y la complejidad, los filos irregulares y los saltos repentinos [...] Están provocando en la ciencia un retroceso hacia el reduccionismo, el análisis de los sistemas a partir de las partes que los constituyen [...] Creen que están buscando el todo.[7]

El caos guarda relación con el patrón que existe dentro del azar que, a su vez, es un aspecto de la complejidad. Muchas veces, el caos convulsiona los sistemas dinámicos y otras actúa sólo en el fondo. Del caos surge a menudo un nuevo orden, más complejo y diferenciado. El término *caos* se usa a menudo como una palabra negativa, como un síntoma de incompetencia, y describir, por ejemplo, una organización o un equipo como «caótico/a» denota falta de respeto. Sin embargo, la teoría del caos adquiere un nuevo significado y nos ofrece nuevas perspectivas para reaccionar ante las situaciones caóticas: en vez de creer que todo se desintegra y sentirnos presas del pánico debido a la falta de estructuras, nos invita a estar abiertos a las cosas nuevas y creativas que pueden surgir de él. Pensar en el mundo desde esta perspectiva puede resultarnos de gran utilidad a la hora de hacer frente a la seudocompetencia.

## ■ LA ESTABILIDAD PUEDE SER FATAL ■

La novedad estimula, la estabilidad mata. Dadas las difíciles condiciones económicas y organizativas en las que nos movemos, la creatividad es, hoy por hoy, un requisito importante. Aunque la creatividad y el equilibrio son enemigos acérrimos, son también fundamentales recíprocamente.[8] Los estudios en torno al caos tienden a describir como algo normal y a conceder valor a los desequilibrios. La creatividad florece a menudo en condiciones que difícilmente pueden describirse como equilibradas, espoleada por el estímulo que aporta una fecha límite, un trastorno emocional o un cambio de ambiente. El corolario sería que la estabilidad puede matar, que el equilibrio conduce al estancamiento y que el «término medio» se alcanza sólo justo antes de la desintegración y la muerte.

Los científicos que estudian el caos han descubierto que un comportamiento previsible y regular puede ser un síntoma de enfermedad: un organismo saludable, y por lo tanto, una organización o empresa saludables, no se mantienen en equilibrio. Este proceso de fluctuación constituye una parte intrínseca de otros procesos naturales como la flexibilidad, la innovación o la capacidad para encontrar soluciones novedosas en momentos de cambio. De lo único que podemos estar absolutamente seguros es de que las condiciones cambian continuamente, un concepto que ya Heráclito trató de enseñarnos. Si un sistema está perfectamente equilibrado, algo va mal, porque, aunque las máquinas funcionan de una forma regular, los sistemas orgánicos y la naturaleza no son así. Quizás ahí reside también la explicación a los problemas que tradicionalmente afectan a las mujeres en un mundo estructurado y gobernado principalmente con normas masculinas. Por todo ello, debemos combatir la idea de que la competencia consiste en mantener la estabilidad, o que es en sí misma estable.

## ■ ESTAR ABIERTO A LA *METANOIA*: ESTAR DISPUESTO A CAMBIAR TOTALMENTE DE MENTALIDAD ■

El concepto de *metanoia* resulta muy útil a la hora de abordar el tema de la competencia. La *metanoia* es «la racionalidad dialéctica, la práctica de la reconciliación y la unidad dinámica, el impulso continuo y constante de reevaluación y renovación, la búsqueda constante de nuevas experiencias que nos proporcionan una integridad y un entendimiento más profundos».[9] La *metanoia* supone un giro absoluto, un cambio de parecer que sólo puede darse si la persona está abierta al cambio y a la desorientación que éste puede producir. Por lo tanto, para que se dé la *metanoia* es necesario tener una actitud positiva ante el cambio, invertir el sentido de nuestra evolución y estar dispuesto a soportar, sin perder capacidad, que en nuestro interior nazcan fuerzas que generan desintegración y fragmentación. Desde la perspectiva psicológica de la Gestalt, el proceso de la *metanoia* consiste en la transposición de la figura y el fondo, o en el cambio brusco de percepción que ocurre cuando alteramos nuestro enfoque de la realidad y lo invertimos totalmente. Por ejemplo, cuando miramos un cuadro podemos concentrar la vista en las formas positivas o en las figuras que componen los espacios que hay entre las formas (las negativas).

## ■ TENER CONCIENCIA DE LOS CICLOS (O TODO VUELVE) ■

Otro requisito fundamental es tener conciencia de los ciclos, algo que se demuestra en nuestra disposición a repetir algo una y otra vez porque sabemos que la naturaleza del cambio es cíclica (o en forma de espiral). Nuestra forma de actuar parece indicar que para sentirnos más llenos y alcanzar una sensación de totalidad, necesitamos caer en el vacío una y otra vez. La percepción lineal es sólo una manera de percibir las cosas, pero esta nueva era nos exige que le otorguemos un mayor protagonismo al hemisferio derecho del cerebro, que es el lado no verbal, el que funciona con imágenes en lugar de con palabras, y que es también nuestra fuente de creatividad, de pensamiento lateral, de intuición y de fe. En el futuro, tal vez veamos a algunos líderes adoptar un papel más evolutivo que revolucionario.

Heráclito decía que lo único de lo que podemos estar seguros en la vida es del cambio. La naturaleza del cambio es cíclica, todo fluye sin cesar y los seres humanos intentan continuamente encontrar una explicación para la interacción cíclica entre las cosas que permanecen iguales y las que cambian.

## ■ CÓMO EQUIVOCARSE (Y LEVANTARSE DESPUÉS DE LA CAÍDA) ■

«Amortiguar los golpes» puede ser la expresión adecuada para describir nuestra disposición a entrar en la pelea, a tirarnos al vacío, para tratar de sobrevivir recurriendo a nuestra flexibilidad y nuestra espontaneidad, sabiendo que igual que el sistema influye en nosotros, nosotros podemos influir en él. La flexibilidad significa ser capaces de dar rienda suelta a nuestros sentimientos de amor, pena, rabia y alegría en lugar de reprimirlos o negarlos. Y también tener la capacidad de equivocarnos e intentar las cosas de nuevo, para rendirnos y luego volver una y otra vez. Implica que sabemos cometer errores y aceptar la derrota para «comenzar de nuevo desde el principio». La capacidad de aprender de los errores es lo que distingue la verdadera competencia del engaño o la seudocompetencia característicos del síndrome de Aquiles. Las personas tienen que aprender a utilizar su talento y el talento es algo que no se puede llegar a conocer o entender completamente, aunque la competencia exige que las personas sepan lo que están haciendo.

## ■ OLVIDAR LO QUE PENSAMOS QUE SABEMOS ■

Un profesor universitario de Tokio quería avanzar en el camino de la sabiduría y se fue a visitar a un maestro zen, quien le invitó a la ceremonia del té. El maestro le sirvió el té al profesor y siguió llenando la taza hasta que el té se derramó sobre la mesa, a pesar de lo cual continuó vertiendo té. Cuando el profesor protestó, el maestro zen estableció una comparación entre él y la taza de té y le explicó que, para llenar la taza, ésta primero tiene que estar vacía.[10] Esta parábola puede resultarle muy útil como ejemplo si usted es de esas personas que en la vida adoptan una actitud de «todo o nada», que se traduce en un afán de perfeccionismo, en un «si no puedo lograr un resultado perfecto, ya ni lo intento». Aprender requiere ser capaz de construir y de ceder.

De modo que, de cara al siglo XXI, será muy importante que sepamos caer de nuevo en un estado de incompetencia consciente. En los años futuros aprenderemos a enfrentarnos al vacío o el caos que se avecina como no ha sabido hacerlo ninguna generación anterior a nosotros y en este contexto, desaprender será tan importante (si no más) que aprender. Navegaremos sin fin en el ciclo de competencia que hemos discutido en los capítulos anteriores, de la incompetencia inconsciente a la incompetencia consciente, de ésta a la competencia consciente y después a la competencia inconsciente, y así una y otra vez. Por ello, tendremos que moderar nuestras grandes ambiciones para disfrutar de una cierta serenidad y tener la sensación de que hemos alcanzado algún objetivo o que ocupamos un puesto reconocido. También nos veremos obligados a aprender a perder muchas veces aquello que hayamos adquirido. Entender que es posible destruir las cosas y luego reconstruirlas condujo a Stephen Hawking a formular la teoría de los agujeros negros.

Lo dicho hasta aquí guarda relación con la excepción a la regla de cómo romper con la seudocompetencia. La competencia más importante que podemos adquirir es la capacidad de olvidar o de renunciar a algunas competencias, proceso comparable a la preparación para una muerte simbólica o real. Si permitimos que exista en nosotros mismos un espacio para la descomposición, la renovación y el renacimiento pasaremos por estos ciclos una y otra vez en nuestra vida personal y viviremos a pequeña escala los grandes ciclos de nuestras civilizaciones. La vida misma, igual que la ciencia, nos invita continuamente a vaciarnos, a crear espacio y a volver a empezar.

Aún no hemos podido siquiera entrever las enormes implicaciones que estas nuevas perspectivas tendrán en el mundo, aunque nuestra época ha empezado ya a parecernos peligrosa, dada la gran cantidad de cosas que creíamos saber sobre el mundo y a las que tenemos que renunciar. En su obra teatral *Arcadia*, Stoppard nos brinda el siguiente discurso a través del personaje de un joven estudiante, Valentine. Lo incluyo aquí porque en él se resumen muchas de las «caóticas» características que tienen las competencias que en el futuro necesitaremos y que aún no tenemos.

> Si conocieras el algoritmo y lo introdujeras en el ordenador diez mil veces, pongamos por caso, cada vez aparecería un punto en algún lugar en la pantalla. Nunca sabrías dónde iba a aparecer el punto siguiente, pero poco a poco empezarías a distinguir una forma, porque cada punto caería dentro de algo con forma de hoja, que no sería una hoja, sino un objeto matemático. Así es, lo imprevisible y lo predeterminado se desarrollan juntos, para que todo sea como es. Y así es como la naturaleza crea ella misma, en cada escala, el copo y la tormenta de nieve. Soy tan feliz... Feliz por estar de nuevo en el inicio y no saber casi nada. Todo el mundo hablaba del fin de la física, porque parecía que la relatividad y la mecánica cuántica resolverían sus diferencias y así nacería una teoría de todo, pero sólo consiguieron explicar lo muy grande y lo muy pequeño, el universo y las partículas elementales. Pero las cosas de tamaño común y corriente que están presentes en nuestras vidas, las cosas que inspiran la poesía, como las nubes, los narcisos, las cascadas, o lo que ocurre en una taza de café cuando echamos la leche, continúan llenas de misterio, siguen siendo tan misteriosas para nosotros como lo era el cielo para los griegos. Nos es más fácil predecir los eventos que se desarrollan en los confines de la galaxia o dentro del núcleo de un átomo que saber si lloverá durante la fiesta que nuestra tía dará en el jardín de su casa dentro de tres semanas. Y esto es así porque el problema cambia: ni siquiera podemos predecir cuándo caerá la gota siguiente de un grifo que gotea irregularmente. Cada gota establece las condiciones para la que la sigue y cualquier pequeña variación da al traste con la predicción que se haya hecho. Lo mismo sucede con el tiempo, que es igual de impredecible, y siempre lo

será. Cuando introducimos cifras en el ordenador, podemos verlas en la pantalla. El futuro es desorden. Una puerta como ésta sólo se ha abierto cinco o seis veces desde que los seres humanos empezamos a caminar erguidos, y esta época, en la que casi todo lo que sabíamos se ha demostrado erróneo, es la mejor que nos pudo haber tocado vivir.[11]

### *Sugerencias y ejercicios*

- ★ Haga una lista de los defectos que cree tener y luego trate de reconvertirlos en cualidades positivas. Una persona *testaruda* puede ser descrita también como *perseverante* o *insistente*. «Con el dinero, yo soy inteligente, mi amigo es prudente y mi enemigo, tacaño.»
- ★ Enfréntese y resista ante quienes le humillan. No permita que a su alrededor exista la humillación. Y si en su mundo es capaz de lograrlo, se habrá robustecido como persona.
- ★ Haga una lista de las actividades, personas o circunstancias que en momentos de transición o de vacío le ayudan y sostienen. En estas circunstancias, las personas sufren a menudo regresiones y recuerdan su primera infancia o el principio de su vida, de la misma forma en que, cuando nos desembarazamos de algo, anticipamos o ensayamos para la muerte y lloramos por lo que hemos dejado atrás. Ejemplos de lo que decimos pueden ser que usted encuentre consuelo comiendo cosas blandas cada tres o cuatro horas, escondiéndose debajo de un edredón o bebiendo de un biberón.
- ★ Elabore una versión propia de lo que sería un ritual de transición. Imagine un espacio —una sauna, una cueva o una caravana— en el que encuentra la fuerza que le permitirá soportar el proceso de vaciarlo todo para empezar desde el principio.
- ★ Haga una lista de los valores que defiende.
- ★ Si su vida terminara hoy, ¿qué le gustaría haber hecho con ella?

# *Glosario*

**Análisis transaccional.** El análisis transaccional es una teoría de la personalidad formulada por Eric Berne.[1] Considera que los tres niveles del ego, el padre, el adulto y el niño, existen dentro de una misma personalidad e interactúan entre sí.

**Anima.** Es, según Jung, el arquetipo de lo femenino en la psique de cada hombre.

**Animus.** Es, según Jung, el arquetipo de lo masculino en la psiquis de cada mujer.

**Arquetipo.** Es una imagen del inconsciente que simboliza elementos de la condición humana (aspectos físicos, mentales, emocionales y espirituales), como por ejemplo la imagen de un anciano, un tonto o una diosa. Son experiencias típicas de todos los seres humanos sin diferencia de razas, culturas o creencias. Jung también los llamaba «imágenes primordiales».

**Physis.** «La fuerza de la naturaleza que procura eternamente que todas las cosas crezcan y se perfeccionen.»[2] La Physis es la poderosa fuerza que impulsa la madurez y el crecimiento físicos y los cambios mentales y emocionales. Se percibe también como una fuerza espiritual porque implica que en la esencia de todos los seres vivos y del planeta está el evolucionar de forma creativa. Estoy cada vez más convencida de que la Physis es la fuerza más importante en relación con el aprendizaje, el crecimiento y la creatividad, y que es fundamental en el terreno de la asesoría psicológica y la psicoterapia.

**Guión.** Según la teoría transaccional, el guión es un «plan de vida inconsciente» que se establece como resultado de las decisiones que se adoptan durante la infancia o incluso desde el momento de nacer y que afectan al curso que tomará la vida.

**Mensaje impulsor.** Según la teoría transaccional, un mensaje impulsor es un patrón de comportamiento aprendido que refuerza el *guión* de la persona. Existen cinco patrones impulsores: «Sé perfecto», «sé fuerte», «complace a los demás», «esfuérzate» y «date prisa».

**Metanoia.** El Instituto de Preparación Psicoterapéutica Metanoia toma su nombre del verbo *metanoeo*, que en griego antiguo significa: 1) percibir después de, 2) cambiar de opinión y 3) dar un giro. También se refiere a una transformación fundamental de mentalidad o carácter, o a un punto de inflexión personal pasado el cual la persona es incapaz de regresar a su antigua forma de ser. Tiene la connotación positiva de ser un cambio beneficioso, según la definición de la persona que lo vive y la de los demás.

**Reconocimiento.** En la teoría transaccional, el reconocimiento es un gesto de atención positiva que una persona recibe de otra y que denota recompensa o aprobación. Este reconocimiento puede ser un abrazo, unas palabras de elogio, atención, dinero o respeto.

**Seudocompetencia.** Las personas padecen seudocompetencia cuando existe una diferencia considerable entre la evaluación que hacen de sí mismas y la que otros hacen de ellas en su campo particular. Se manifiesta cuando un individuo aparenta ser *objetivamente* capaz de llevar a cabo una tarea, pero a un nivel *subjetivo* carece de la confianza en sí mismo para hacerla sin padecer una ansiedad y una tensión importantes. Completada la tarea sufre también un agotamiento desproporcionado. La *competencia*, por otro lado, es la capacidad para cumplir con las exigencias de una tarea a nivel objetivo (el que evalúan los demás) y a nivel subjetivo (la evaluación propia). Finalmente, la *incompetencia* se entiende no como un término degradante y ofensivo, sino como una indicación de que hace falta un desarrollo ulterior para satisfacer los criterios objetivos de competencia.

# *Notas*

## ■ PREFACIO ■

1. Maslow, A. H. *Towards a Psychology of Being*, Princeton, N. J.: Van Nostrand, 1963.

2. Aristóteles, *Física* en *Obras;* Aguilar, 1982.

3. Berne, E. *A Layman's Guide to Psychiatry and Psychoanalysis* (3.ª ed.), Nueva York: Simon & Shuster, 1968 (primera publicación 1947), p. 89.

4. Clance, P. R. *The Impostor Phenomenon*, Georgia: Peachtree Publishers, 1978.

Harvey, J. C. *If I'm So Succesful, Why Do I Feel Like a Fake?*, Nueva York: St. Martin's Press, 1985.

5. Castro, J. «Fearing the mask may slip», *Time*, 12 agosto 1985, p. 34.

## ■ CAPÍTULO 1 ■

1. Jung, C. G. *The Archetypes and the Collective Unconscious*, Collected Works, vol. 9 (parte 1), Londres: Routledge & Kegan Paul, 1968.

2. Conran, S. *Superwoman*, Harmondsworth: Penguin, 1975. Este libro es un bestseller que enseña a aparentar que se ha hecho más trabajo doméstico de lo que piensan los demás, y que se ha hecho mucho mejor que nadie.

3. Hawkins, J. M. y Allen, R. *The Oxford Encyclopedic English Dictionary,* Oxford: Oxford University Press, 1991, pp. 719 y 298.

4. Este concepto fue identificado originalmente por Kahler, T. y Capers, H. «The miniscript», *Transactional Analysis Journal*, 4 (1), 1974, pp. 26-42.

5. Patsy Rodenburg en la conferencia del BIIP, Londres, julio 1993.

## ■ CAPÍTULO 3 ■

1. Murray, G. *The Stoic Philosophy*, Londres: Watts/Allen & Unwin, 1915, p. 43.
2. La Sagrada Biblia, Biblioteca de Autores Cristianos de la Editorial Católica, S. A., Madrid, 1973, Génesis 3: 6-23.
3. Si no está seguro de cuál es su temperamento, le recomiendo el siguiente libro: *Please Understand Me: Character and Temperament Types,* de David Keirsey y Marilyn Bates (Del Mar, CA: Gnosology Books, 1984).

## ■ CAPÍTULO 4 ■

1. Robinson, W. L. «Conscious Competency – The Mark of a Competent Instructor», *Personnel Journal*, 53, 1974, 538-539.
2. Perls, F. S.; Hefferline, R. F. y Goodman, P. *Gestalt Therapy: Excitement and Growth in the Human Personality*, Nueva York: Julian Press, 1951.
3. Véase capítulo 1, nota 4: p. 539 [letra en cursiva del autor].
4. Kahler, T. y Capers, H. «The miniscript», *Transactional Analysis Journal,* 4 (1), 1974, 26-42. Reimpreso con la debida autorización.

## ■ CAPÍTULO 5 ■

1. Stacey, R. D. *The Chaos Frontier*, Oxford: Butterworth/Heinemann, 1991. Además, comunicación personal con el autor.
2. Moult, G. «Under New Management», *MEAD*, 21 (3): 1990, 171-182 (edición especial dedicada a la posmodernidad).

## ■ CAPÍTULO 6 ■

1. «El papel más difícil de Annette... ser madre», *Daily Mail*, 18 de agosto de 1993, p. 12.
2. Wolf, E. S. *Treating the Self: Elements of Clinical Slef-Psychology*, Nueva York: Guilford, 1988.
3. Cornell, W. F. (1988) «Life Script Theory: A Critical Review from a Developmental Perspective», *Transactional Analysis Journal*, 18 (4), 1988, 270.

## ■ CAPÍTULO 7 ■

1. Miller, A. *The Secret of Joy*, Londres: Vintage, 1992.
2. Hite, S. *The Hite Report: A Nationwide Study of Female Sexuality*, Nueva York: Dell, 1976.

## ■ CAPÍTULO 8 ■

1. Berne, E. (1966) *Introducción al Tratamiento de Grupo*, Barcelona: Ediciones Grijalbo, S. A., 1983, p. 38.

## ■ CAPÍTULO 9 ■

1. Storr, A. *The Dynamics of Creation*, Hardmonsworth: Pelican, 1986 (primera edición, 1972).
2. Gleick, J. *Chaos: Making a New Science*, Londres: Heinemann, 1989.
3. Seelig, K. *Albert Einstein*, Zurich: Europa, 1954, p. 71.

## ■ CAPÍTULO 10 ■

1. Hall, J. *The reluctant Adult: An Exploration of Choice*, Bridport: Prism, 1993.

## ■ CAPÍTULO 11 ■

1. Quiero ofrecer mi agradecimiento y reconocimiento a Muriel James por este excelente ejercicio.

## ■ CAPÍTULO 12 ■

1. Watson, L. *Supernature*, Londres: Coronet, 1974.
2. Fox, M. *Original Blessing*, Nueva York: Bear, 1983, p. 2 del epílogo.
3. Leonard, G. *The Silent Pulse*, Nueva York: Dutton, 1978.
4. Murray, G. *The Stoic Age*, Londres: Allen & Unwin, 1915, p. 37.
5. Lovelock, J. E. *Gaia: A New Look at Life on Earth*, Oxford: Oxford University Press, 1979.

6. Clarkson, P. (1993) «Bystander Games», *Transactional Analysis Journal*, 23(2), 1993, es también el tema de un libro que edita Routledge.
7. Gleick, J. *Chaos: Making a New Science*, Londres: Heinemann, 1989, p. 5.
8. Véase Zohar, D. *The Quantum Self*, Londres: Bloomsbury, 1990.
9. Laing, R. y Esterson, P. *Leaves of Spring*, Harmondsworth: Penguin, 1972, p. 63.
10. Reps, P. *Zen Flesh, Zen Bones*, Harmondsworth: Penguin, 1971 (primera edición, 1957).
11. Stoppard, T. *Arcadia*, Londres: Faber, 1993, pp. 47-48.

## ■ GLOSARIO ■

1. Berne, E. *A Layman's Guide to Psychiatry and Psychoanalysis*, Harmondsworth, Middx.: Penguin, 1981, p. 98 (se editó por primera vez en América con el título *The Mind in Action*, 1947).
2. Si quiere información básica sobre el tema, vea su libro, *Transactional Analysis Psychotherapy: The Classic Handbook to Its Principles* (1961), Nueva York: Souvenir Press.

# *Índice temático*